本書係「敦煌文獻系統性保護整理出版工程」項目成果

二〇二一—二〇三五年國家古籍工作規劃重點出版項目

「十四五」國家重點出版物出版規劃項目

國家古籍整理出版專項經費資助項目

中國國家圖書館藏敦煌文獻

中國國家圖書館 編

第二六册

BD00354～BD00366

國家圖書館出版社

DUNHUANG MANUSCRIPTS IN THE NATIONAL LIBRARY OF CHINA

026

BD00354 ~ BD00366

compiled by the

National Library of China

National Library of China Publishing House

凡例

一　本書刊布中國國家圖書館藏敦煌文獻，以館藏編號爲序編排。

二　館藏編號采用「BD+流水號」格式，如 BD00001, BD16579 等。背面在編號後加 v 表示。一個編號包含多件文獻者，編號後分別綴以字母 A, B, C 等。一件文獻含有多個内容者，以數字 -1, -2, -3 等標明順序。

三　圖版有縮印或放大處另加説明，尺寸超出本書幅面的以摺葉形式呈現。

四　卷軸裝、梵夾裝、經摺裝等裝幀形制的敦煌文獻，各附外觀圖像。

五　每件文獻依次呈現外觀、正面、背面等。背面僅刊布有文字、圖像或其他要素的圖版，而略去素紙部分，背面圖版同樣以從右到左順序編排。凡有外題者，遵從以上原則。

六　除個別特殊情況外，爲保證閱讀連貫、流暢，圖版儘量通欄呈現。

七　各葉上方附該件文獻全圖，以高亮形式顯示本葉大圖在全卷中的位置。部分長卷文獻全圖祇能分多段呈現時，在上段末以符標示下段接續。卷尾内容不足一葉時，文獻全圖使用該圖卷尾部分，亦以符標示。背面圖版文字與正面文字方向相反時，文獻全圖按原貌顯示，正文翻轉呈現，以便閱讀研究，用符標示。

八　文獻題名大體沿用中國國家圖書館此前所編多部敦煌文獻目録的考證，部分吸收學界最新研究成果略作調整和完善。文獻題名綜合參考原卷首題、尾題、外題確定，如原卷題名與該文獻正式名稱不同，則采用正式名稱；無題名者，或比定題名，或擬定新名。非漢文文獻在題名前標注語種。有分卷不同等其他情況者，括注於文獻名稱後。

九　本書著録使用通行繁體字，涉及原文中的人名、地名等，必要時保留原字形。

About this publication

1. The documents are presented in shelfmark order.
2. The shelfmarks are in the form BD plus a running number, eg. BD00001, BD16579, &c. If a given shelfmark contains multiple documents, these are distinguished by the letters A, B, C, &c. If a document has multiple contents, they are distinguished by the numbering 1, 2, 3, &c. The verso side of an item is indicated by the letter v.
3. If it has been necessary to reduce or enlarge the size of an illustration, the dimensions are indicated. If the size of an illustration exceeds the size of the book, a folding sheet is used.
4. If the document is a scroll, a folded sutra, or has a stitched binding, a picture of the whole object is provided to show its external appearance.
5. The cover, front, and back of each document are reproduced in sequence. The back of a document is only reproduced if it contains text, illustrations, or other markings, and it is oriented from right to left. If it is blank it is not reproduced.
6. Except in a few special cases, the lines of text are reproduced unbroken to make them coherent and easier to read.
7. An illustration of the complete document is reproduced at the top of each page, and the section where the main illustration appears is highlighted in order to indicate its position. If it has only been possible to reproduce a long scroll in sections, the direction symbol has been used to indicate where one illustration ends and the next one begins. If the end of the scroll occupies less than one page, the direction symbol is used to indicate its position in the illustration of the complete document. If the text on the back of the document has a different orientation from the text on the front, it is reproduced as it is, but is also rotated (indicated with the rotation symbol) so that it can be read easily.
8. The titles of the documents generally conform with those already established by the Library, but in some cases have been amended by drawing on the most recent scholarly research. The titles are derived firstly from the beginning of the text, then from the end of the text, and lastly from the cover. If the title of a document differs from its authoritative form, the authoritative form is used; and if a document has no title, one is either supplied by comparison with similar documents, or a new one is devised. If the document is not in Chinese, its language is indicated before the title. If the number of juan is different from that of the authoritative version, or if there are other irregularities, this is noted.
9. The documents in the book are in traditional Chinese characters. Where the title contains personal or place names, the original characters used for these names are retained.

(Translated by David Helliwell)

第二六册目録

BD00354 妙法蓮華經卷一

（後秦）鳩摩羅什 譯

515.2cm × 25.5cm

今見此瑞與本无異是故惟忖今日如來當說
大乘經名妙法蓮華教菩薩法佛所護念
尒時文殊師利於大衆中欲重宣此義而說
偈言
我念過去世 无量无數劫 有佛人中尊 号日月燈明
世尊演說法 度无量衆生 无數億菩薩 令入佛智慧
佛未出家時 所生八王子 見大聖出家 亦隨脩梵行
時佛說大乘 經名无量義 於諸大衆中 而爲廣分別
佛說此經已 即於法座上 跏趺坐三昧 名无量義處
天雨曼陁華 天鼓自然鳴 諸天龍鬼神 供養人中尊
一切諸佛土 即時大震動 佛放眉間光 現諸希有事
此光照東方 万八千佛土 示一切衆生 生死業報處
有見諸佛土 以衆寶莊嚴 琉璃頗梨色 斯由佛光照
又見諸天人 龍神夜叉衆 乹闥婆緊那羅 各供養其佛

二諸佛土　聲聞衆无數　因佛光所照　悉見彼大衆
或有諸比丘　在於山林中　精進持淨戒　猶如護明珠
又見諸菩薩　行施忍辱等　其數如恒沙　斯由佛光照
又見諸菩薩　深入諸禪定　身心寂不動　以求无上道
又見諸菩薩　知法寂滅相　各於其國土　說法求佛道
尒時四部衆　見日月燈佛　現大神通力　其心皆歡喜
各各自相問　是事何因緣　天人所奉尊　適從三昧起
讚妙光菩薩　汝為世間眼　一切所歸信　能奉持法藏
如我所說法　唯汝能證知　世尊既讚歎　令妙光歡喜
說是法華經　滿六十小劫　不起於此座　所說上妙法
是妙光法師　悉皆能受持　佛說是法華　令衆歡喜已
尋即於是日　告於天人衆　諸法實相義　已為汝等說
我今於中夜　當入於涅槃　汝一心精進　當離於放逸
諸佛甚難值　億劫時一遇　世尊諸子等　聞佛入涅槃

汝一心精進 當離於放逸
諸佛甚難值 億劫時一遇 世尊諸子等 聞佛入涅槃
各各懷悲惱 佛滅一何速 聖主法之王 安慰无量衆
我若滅度時 汝等勿憂怖 是德藏菩薩 於无漏實相
心已得通達 其次當作佛 号曰為淨身 亦度无量衆
佛此夜滅度 如薪盡火滅 分布諸舍利 而起无量塔
比丘比丘尼 其數如恒沙 倍復加精進 以求无上道
是妙光法師 奉持佛法藏 八十小劫中 廣宣法華經
是諸八王子 妙光所開化 堅固无上道 當見无數佛
供養諸佛已 隨順行大道 相継得成佛 轉次而授記
最後天中天 号曰然燈佛 諸仙之導師 度脫无量衆
是妙光法師 時有一弟子 心常懷懈怠 貪著於名利
求名利无猒 多遊族姓家 棄捨所習誦 癈忘不通利
以是因緣故 号之為求名 亦行衆善業 得見无數佛
供養於諸佛 隨順行大道 具六波羅蜜 今見釋師子

我見燈明佛　本光瑞如此　以是知今佛　欲說法華經
今相如本瑞　是諸佛方便　今佛放光明　助發實相義
諸人今當知　合掌一心待　佛當雨法雨　充足求道者
諸求三乘人　若有疑悔者　佛當為除斷　今盡无有餘

妙法蓮華經方便品第二

尒時世尊從三昧安詳而起告舍利弗諸佛
智慧甚深无量其智慧門難解難入一切聲
聞辟支佛所不能知所以者何佛曾親近百
千万億无數諸佛盡行諸佛无量道法勇
猛精進名稱普聞成就甚深未曾有法隨宜
所說意趣難解舍利弗吾從成佛已種種因
緣種種譬喻廣演言教无數方便引導眾
生令離諸著所以者何如來方便知見波羅蜜
皆已具足舍利弗如來知見廣大深遠无量

生令離諸著所以者何如来方便知見波羅蜜
皆已具足舍利弗如来知見廣大深遠无量
无礙力无所畏禪定解脫三昧深入无際成
就一切未曾有法舍利弗如来能種種分別
巧說諸法言辝柔軟悅可衆心舍利弗取要
言之无量无邊未曾有法佛悉成就止舍利
弗不須復說所以者何佛所成就第一希有
難解之法唯佛與佛乃能究盡諸法實相
所謂諸法如是相如是性如是體如是力如是作
如是因如是緣如是果如是報如是本末究
竟等尒時世尊欲重宣此義而說偈言
世雄不可量 諸天及世人 一切衆生類 无能知佛者
佛力无所畏 解脫諸三昧 及佛諸餘法 无能測量者
本從无數佛 具足行諸道 甚深微妙法 難見難可了
於无量億劫 行此諸道已 道場得成果 我已悉知見

是法不可示　言辭相寂滅　諸餘衆生類　无有能得解
除諸菩薩衆　信力堅固者　諸佛弟子衆　曾供養諸佛
一切漏已盡　住是最後身　如是諸人等　其力所不堪
假使滿世間　皆如舍利弗　盡思共度量　不能測佛智
正使滿十方　皆如舍利弗　及餘諸弟子　亦滿十方刹
盡思共度量　亦復不能知　辟支佛利智　无漏最後身
亦滿十方界　其數如竹林　斯等共一心　於億无量劫
欲思佛實智　莫能知少分　新發意菩薩　供養无數佛
了達諸義趣　又能善說法　如稻麻竹葦　充滿十方刹
一心以妙智　於恒河沙劫　咸皆共思量　不能知佛智
不退諸菩薩　其數如恒沙　一心共思求　亦復不能知
又告舍利弗　无漏不思議　甚深微妙法　我今已具得
唯我知是相　十方佛亦然　舍利弗當知　諸佛語无異
於佛所說法　當生大信力　世尊法久後　要當說真實
告諸聲聞衆　及求緣覺乘　我令脫苦縛　逮得涅槃者

告諸聲聞衆及求緣覺乘我令脫苦縛逮得涅槃者
佛以方便力示以三乘教衆生處處著引之令得出
尒時大衆中有諸聲聞漏盡阿羅漢阿若憍
陳如等千二百人及發聲聞辟支佛心比丘比
丘尼優婆塞優婆夷各作是念今者世尊何
故慇懃稱歎方便而作是言佛所得法甚深
難解有所言說意趣難知一切聲聞辟支佛
所不能及佛說一解脫義我等亦得此法到
於涅槃而今不知是義所趣尒時舍利弗知
四衆心疑自亦未了而白佛言世尊何因何
緣慇懃稱歎諸佛第一方便甚深微妙難解
之法我自昔來未曾從佛聞如是說今者四
衆咸皆有疑唯願世尊敷演斯事世尊
何故慇懃稱歎甚深微妙難解之法尒時

慧日大聖尊　久乃說是法　自說得如是　力无畏三昧
禪定解脫等　不可思議法　道場所得法　无能發問者
我意難可測　亦无能問者　无問而自說　稱歎所行道
智慧甚微妙　諸佛之所得　无漏諸羅漢　及求涅槃者
今皆墮疑網　佛何故說是　其求緣覺者　比丘比丘尼
諸天龍鬼神　及乾闥婆等　相視懷猶豫　瞻仰兩足尊
是事為云何　願佛為解說　於諸聲聞眾　佛說我第一
我今自於智　疑惑不能了　為是究竟法　為是所行道
佛口所生子　合掌瞻仰待　願出微妙音　時為如實說
諸天龍神等　其數如恒沙　求佛諸菩薩　大數有八万
又諸万億國　轉輪聖王至　合掌以敬心　欲聞具足道

尒時佛告舍利弗止止不須復說若說是事一切世間諸天及人皆當驚疑舍利弗重白佛言世尊唯願說之唯願說之所以者何是會无數百千万億阿僧祇眾生曾見諸佛諸根

言世尊唯願說之唯願說之所以者何是會
无數百千万億阿僧祇衆生曾見諸佛諸根
猛利智慧明了聞佛所說則能敬信尒時舍
利弗欲重宣此義而說偈言
法王无上尊 唯說願勿慮 是會无量衆 有能敬信者
佛復止舍利弗若說是事一切世間天人阿脩
羅皆當驚疑增上慢比丘將墜於大坑尒
時世尊重說偈言
止止不須說 我法妙難思 諸增上慢者 聞必不敬信
尒時舍利弗重白佛言世尊唯願說之唯願
說之今此會中如我等比百千万億世世已
曾從佛受化如此人等必能敬信長夜安隱
多所饒益尒時舍利弗欲重宣此義而說偈言
无上兩足尊 願說第一法 我為佛長子 唯垂分別說
是會无量衆 能敬信此法 佛已曾世世 教化如是等

尒時世尊告舍利弗汝已慇懃三請豈得不
說汝今諦聽善思念之吾當為汝分別解說說
此語時會中有比丘比丘尼優婆塞優婆夷
五千人等即從座起礼佛而退所以者何此輩
罪根深重及增上慢未得謂得未證謂證
有如此失是以不住世尊嘿然而不制止
尒時佛告舍利弗我今此衆无復枝葉純有
貞實舍利弗如是增上慢人退亦佳矣汝今
善聽當為汝說舍利弗言唯然世尊願樂欲
聞佛告舍利弗如是妙法諸佛如來時乃說
之如優曇鉢華時一現耳舍利弗汝等當信
佛之所說言不虛妄舍利弗諸佛隨宜說法
意趣難解所以者何我以无數方便種種因
緣譬喻言辭演說諸法是法非思量分別之

緣譬喻言辭演說諸法是法非思量分別之
所能解唯有諸佛乃能知之所以者何諸佛
世尊唯以一大事因緣故出現於世舍利弗云
何名諸佛世尊唯以一大事因緣故出現於世
諸佛世尊欲令衆生開佛知見使得清淨
故出現於世欲示衆生佛之知見故出現於
世欲令衆生悟佛知見故出現於世欲令衆
生入佛知見道故出現於世舍利弗是為諸
佛以一大事因緣故出現於世佛告舍利弗
諸佛如來但教化菩薩諸有所作常為一
事唯以佛之知見示悟衆生舍利弗如來但以
一佛乘故為衆生說法无有餘乘若二若三舍
利弗一切十方諸佛法亦如是舍利弗過去
諸佛以无量无數方便種種因緣譬喻言辭

智舍利弗未來諸佛當出於世亦以无量无
數方便種種因緣譬喻言辭而爲衆生演說
諸法是法皆爲一佛乘故是諸衆生從佛聞
法究竟皆得一切種智舍利弗現在十方无量
百千万億佛土中諸佛世尊多所饒益安樂
衆生是諸佛亦以无量无數方便種種因緣
譬喻言辭而爲衆生演說諸法是法皆爲
一佛乘故是諸衆生從佛聞法究竟皆得一切
種智舍利弗是諸佛但教化菩薩欲以佛之
知見示衆生故欲以佛之知見悟衆生故欲令衆
生入佛知見故舍利弗我今亦復如是知諸衆
生有種種欲深心所著隨其本性以種種
因緣譬喻言辭方便力故而爲說法舍利
弗如此皆爲得一佛乘一切種智故舍利弗

弗如此皆為得一佛乘一切種智故舍利弗
十方世界中尚无二乘何况有三舍利弗
諸佛出於五濁惡世所謂劫濁煩惱濁衆
生濁見濁命濁如是舍利弗劫濁乱時衆
生垢重慳貪嫉妬成就諸不善根故諸佛
以方便力於一佛乘分别說三舍利弗若我
弟子自謂得阿羅漢辟支佛者不聞不知
諸佛如来但教化菩薩事此非佛弟子非阿
羅漢非辟支佛又舍利弗是諸比丘比丘尼自
謂已得阿羅漢是最後身究竟涅槃便不
復志求阿耨多羅三藐三菩提當知此輩皆
是增上慢人所以者何若有比丘實得阿羅漢若不
信此法无有是處除佛滅度後現前无佛所
以者何佛滅度後如是等經受持讀誦解其

佛如來言无虛妄无有餘乘唯一佛乘尒時
世尊欲重宣此義而說偈言
比丘比丘尼　有懷增上慢　優婆塞我慢　優婆夷不信
如是四衆等　其數有五千　不自見其過　於戒有缺漏
護惜其瑕疵　是小智已出　衆中之糟糠　佛威德故去
斯人尠福德　不堪受是法　此衆无枝葉　唯有諸貞實
舍利弗善聽　諸佛所得法　无量方便力　而為衆生說
衆生心所念　種種所行道　若干諸欲性　先世善惡業
佛悉知是已　以諸緣譬喻　言辭方便力　令一切歡喜
或說脩多羅　伽陀及本事　本生未曾有　亦說於因緣
譬喻并祇夜　優婆提舍經　鈍根樂小法　貪著於生死
於諸无量佛　不行深妙道　衆苦所惱亂　為是說涅槃
我設是方便　令得入佛慧　未曾說汝等　當得成佛道
所以未曾說　說時未至故　今正是其時　決定說大乘

所以未曾說 說時未至故 今正是其時 決定說大乘
我此九部法 隨順衆生說 入大乘爲本 以故說是經
有佛子心淨 柔軟亦利根 无量諸佛所 而行深妙道
爲此諸佛子 說是大乘經 我記如是人 來世成佛道
以深心念佛 脩持淨戒故 此等聞得佛 大喜充遍身
佛知彼心行 故爲說大乘 聲聞若菩薩 聞我所說法
乃至於一偈 皆成佛无疑 十方佛土中 唯有一乘法
无二亦无三 除佛方便說 但以假名字 引導於衆生
說佛智慧故 諸佛出於世 唯此一事實 餘二則非真
終不以小乘 濟度於衆生 佛自住大乘 如其所得法
定慧力莊嚴 以此度衆生 自證无上道 大乘平等法
若以小乘化 乃至於一人 我則墮慳貪 此事爲不可
若人信歸佛 如來不欺誑 亦无貪嫉意 斷諸法中惡
故佛於十方 而獨无所畏 我以相嚴身 光明照世間

化一切衆生　皆令入佛道　若我遇衆生　盡教以佛道
无智者錯乱　迷惑不受教　我知此衆生　未曾脩善本
堅著於五欲　癡愛故生惱　以諸欲因緣　墜墮三惡道
輪迴六趣中　備受諸苦毒　受胎之微形　世世常增長
薄德少福人　衆苦所逼迫　入邪見稠林　若有若无等
依止此諸見　具足六十二　深著虛妄法　堅受不可捨
我慢自矜高　諂曲心不實　於千万億劫　不聞佛名字
亦不聞正法　如是人難度　是故舍利弗　我為設方便
說諸盡苦道　示之以涅槃　我雖說涅槃　是亦非真滅
諸法從本來　常自寂滅相　佛子行道已　來世得作佛
我有方便力　開示三乘法　一切諸世尊　皆說一乘道
今此諸大衆　皆應除疑惑　諸佛語无異　唯一无二乘
過去无數劫　无量滅度佛　百千万億種　其數不可量
如是諸世尊　種種緣譬喻　无數方便力　演說諸法相

如是諸世尊　種種緣譬喻　无數方便力　演說諸法相
是諸世尊等　皆說一乘法　化无量衆生　令入於佛道
又諸大聖主　知一切世間　天人群生類　深心之所欲
更以異方便　助顯第一義　若有衆生類　值諸過去佛
若聞法布施　或持戒忍辱　精進禪智等　種種脩福德
如是諸人等　皆已成佛道　諸佛滅度已　若人善軟心
如是諸衆生　皆已成佛道　諸佛滅度已　供養舍利者
起万億種塔　金銀及頗梨　車璖與馬瑙　玫瑰琉璃珠
清淨廣嚴飾　莊校於諸塔　或有起石廟　栴檀及沉水
木櫁并餘材　塼瓦泥土等　若於曠野中　積土成佛廟
乃至童子戲　聚沙為佛塔　如是諸人等　皆已成佛道
若人為佛故　建立諸形像　刻彫成衆相　皆已成佛道
或以七寶成　鍮石赤白銅　白鑞及鉛錫　鐵木及与泥
或以膠漆布　嚴飾作佛像　如是諸人等　皆已成佛道

如是諸人等　漸漸積功德　具足大悲心　皆已成佛道
但化諸菩薩　度脫无量衆　若人於塔廟　寶像及畫像
以華香旛蓋　敬心而供養　若使人作樂　擊鼓吹角貝
簫笛琴箜篌　琵琶鐃銅鈸　如是衆妙音　盡持以供養
或以歡喜心　歌唄頌佛德　乃至一小音　皆已成佛道
若人散乱心　乃至以一華　供養於畫像　漸見无數佛
或有人礼拜　或復但合掌　乃至舉一手　或復小低頭
以此供養像　漸見无量佛　自成无上道　廣度无數衆
入无餘涅槃　如薪盡火滅　若人散乱心　入於塔廟中
一稱南无佛　皆已成佛道　於諸過去佛　在世或滅後
若有聞是法　皆已成佛道　未來諸世尊　其數无有量
是諸如來等　亦方便說法　一切諸如來　以无量方便
度脫諸衆生　入佛无漏智　若有聞法者　无一不成佛
諸佛本誓願　我所行佛道　普欲令衆生　亦同得此道

BD00354　妙法蓮華經卷一

度脫諸衆生　入佛无漏智　若有聞法者　无一不成佛
諸佛本誓願　我所行佛道　普欲令衆生　亦同得此道
未來世諸佛　雖說百千億　无數諸法門　其實爲一乘
諸佛兩足尊　知法常无性　佛種從緣起　是故說一乘
是法住法位　世間相常住　於道場知已　導師方便說
天人所供養　現在十方佛　其數如恒沙　出現於世間
安隱衆生故　亦說如是法　知第一寂滅　以方便力故
雖示種種道　其實爲佛乘　知衆生諸行　深心之所念
過去所習業　欲性精進力　及諸根利鈍　以種種因緣
譬喻亦言辭　隨應方便說　今我亦如是　安隱衆生故
以種種法門　宣示於佛道　我以智慧力　知衆生性欲
方便說諸法　皆令得歡喜　舍利弗當知　我以佛眼觀
見六道衆生　貧窮无福慧　入生死險道　相續苦不斷
深著於五欲　如犛牛愛尾　以貪愛自蔽　盲冥无所見
不求大勢佛　及與斷苦法　深入諸邪見　以苦欲捨苦

眾生諸根鈍 著樂癡所盲 如斯之等類 云何而可度
尒時諸梵王 及諸天帝釋 護世四天王 及大自在天
并餘諸天眾 眷屬百千万 恭敬合掌礼 請我轉法輪
我即自思惟 若但讚佛乘 眾生沒在苦 不能信是法
破法不信故 墜扵三惡道 我寧不說法 疾入扵涅槃
尋念過去佛 所行方便力 我今所得道 亦應說三乘
作是思惟時 十方佛皆現 梵音慰喻我 善哉釋迦文
第一之導師 得是无上法 隨諸一切佛 而用方便力
我等亦皆得 㝡妙第一法 為諸眾生類 分別說三乘
少智樂小法 不自信作佛 是故以方便 分別說諸果
雖復說三乘 但為教菩薩 舍利弗當知 我聞聖師子
深淨微妙音 喜稱南无佛 復作如是念 我出濁惡世
如諸佛所說 我亦隨順行 思惟是事已 即趣波羅柰
諸法寂滅相 不可以言宣 以方便力故 為五比丘說

如諸佛所說　我亦隨順行　思惟是事已　即趣波羅柰
諸法寂滅相　不可以言宣　以方便力故　為五比丘說
是名轉法輪　便有涅槃音　及以阿羅漢　法僧差別名
從久遠劫來　讚示涅槃法　生死苦永盡　我常如是說
舍利弗當知　我見佛子等　志求佛道者　无量千万億
咸以恭敬心　皆來至佛所　曾從諸佛聞　方便所說法
我即作是念　所以出於世　為說佛慧故　今正是其時
舍利弗當知　鈍根小智人　著相憍慢者　不能信是法
今我喜无畏　於諸菩薩中　正直捨方便　但說无上道
菩薩聞是法　疑網皆已除　千二百羅漢　悉亦當作佛
如三世諸佛　說法之儀式　我今亦如是　說无分別法
諸佛興出世　懸遠值遇難　正使出于世　說是法復難
无量无數劫　聞是法亦難　能聽是法者　斯人亦復難
譬如優曇華　一切皆愛樂　天人所希有　時時乃一出
聞法歡喜讚　乃至發一言　則為已供養　一切三世佛

汝等舍利弗　聲聞及菩薩　當知是妙法　諸佛之秘要
以五濁惡世　但樂著諸欲　如是等衆生　終不求佛道
當來世惡人　聞佛說一乘　迷惑不信受　破法墮惡道
有慚愧清淨　志求佛道者　當為如是等　廣讚一乘道
舍利弗當知　諸佛法如是　以萬億方便　隨宜而說法
其不習學者　不能曉了此　汝等既已知　諸佛世之師
隨宜方便事　无復諸疑惑　心生大歡喜　自知當作佛

妙法蓮華經卷第一

BD00355 無量壽宗要經（甲本）

206.5cm × 31cm

大乘无量壽經

如是我聞一時薄伽梵在舍衛國祇樹給孤獨園與大苾蒭僧千二百五十人大菩薩摩訶薩衆俱同會坐尒時世尊告曼殊室利童子曼殊上方有世界名无量功德聚彼土有佛号无量智决定王如来阿耨多羅三藐三菩提現為衆生開示說法曼殊師聽南閻浮提人皆短壽大限百年於中殀枉横死者衆曼殊如来功德名稱法要若有衆生得聞名号若自書或使人書能為經卷受持讀誦若於舍宅所住之處以種種花鬘瓔珞塗香末香而為供養如其命盡復得延年滿足百歲如是曼殊若有衆生得聞是无量壽智决定王如来一百八名号者益其長壽若有衆生大命將盡憶念是如来名号更得增壽如是曼殊若有善男子善女人欲求長壽於是无量壽如来一百八名号有得聞者或自書若使人書受持讀誦得如是等果報福德具足陁羅尼曰 南謨薄伽勃底一 阿波唎蜜哆二 阿喻紇硯孃三 須毗你悉指陁四 囉佐耶五 怛他羯他耶六 怛姪他唵七 薩婆桑悉迦囉八

使人書寫爲經卷受持讀誦如壽命盡復滿百年壽終此身後得往生无量福
智世界无量壽淨土陁羅尼曰　南謨薄伽勃底一　阿波唎蜜多二　阿喻紇硯娜三
須毗你悉指陁四　囉佐耶五　怛他羯他耶六　怛姪他唵七　薩婆桑悉迦囉八　波唎輸底九
達磨底十　伽迦娜十一　莎訶某特迦底十二　莎婆婆毗輸底十三　摩訶娜耶十四　波唎婆唎莎
訶十五　尒時有九十九姟佛等一時同聲說是无量壽宗要經陁羅尼曰
南謨薄伽勃底一　阿波唎蜜多二　阿喻紇硯娜三　須毗你悉指陁四　怛他羯他耶六　怛姪他唵七
薩婆桑悉迦囉八　波唎輸底九　達磨底十　伽迦娜十一　莎訶某特迦底十二　莎婆婆毗輸底十三
摩訶娜耶十四　波唎婆唎莎訶十五　尒時復有一百四姟佛同聲說是无是壽宗
要經陁羅尼曰　南謨薄伽勃底一　阿波唎蜜多二　阿喻紇硯娜三　須毗你悉指陁四　囉佐耶五
怛他羯他耶六　怛姪他唵七　薩婆桑悉迦囉八　波唎輸底九　達磨底十　伽迦娜十一　莎訶某特
迦底十二　薩婆婆毗輸底十三　摩訶娜耶十四　波唎婆唎莎訶十五
尒時復有七姟佛一時同聲說是无量壽宗要經陁羅尼曰
南謨薄伽勃底一　阿波唎蜜多二　阿喻紇硯娜三　須毗你悉指陁四　囉佐耶五　怛他羯他耶六
怛姪他唵七　薩婆桑悉迦囉八　波唎輸底九　達磨底十　伽迦娜十一　莎訶某特迦底十二
薩婆婆毗輸底十三　摩訶娜耶十四　波唎婆唎莎訶十五　尒時復有六十五姟佛

怛姪他唵七 薩婆桑悉迦囉八 波唎輸底九 達磨底十 伽伽娜十一 莎訶某特迦底十二
薩婆婆毗輸底十三 摩訶娜耶十四 波唎婆唎莎訶十五 爾時復有六十五姟佛
一時同聲說是無量壽宗要經陁羅尼曰 南謨薄伽勃底一 阿波唎蜜多
阿喻紇硯娜三 須毗你悉指陁四 囉佐耶五 怛姪羯他耶六 怛姪他唵七 薩婆桑悉迦
囉八 波唎輸底九 達磨底十 伽伽娜十一 莎訶某特迦底十二 莎婆婆毗輸底十三 摩
訶娜耶十四 波唎婆唎莎訶十五 爾時復有五十五姟佛一時同聲說是無量壽宗
要經陁羅尼曰 南謨薄伽勃底一 阿波唎蜜多二 阿喻紇硯娜三 須毗你悉指陁四
囉佐耶五 怛他羯他耶六 怛姪他唵七 薩婆桑悉迦囉八 波唎輸底九 達磨底十 伽伽娜十一
薩訶某特迦底十二 薩婆婆毗輸底十三 摩訶娜耶十四 波唎婆唎莎訶十五
爾時復有四十五姟佛一時同聲說是無量壽宗要經陁羅尼曰 南謨薄伽勃底一 阿波唎蜜
多二 阿喻紇硯娜三 須毗你悉指陁四 囉佐耶五 怛他羯他耶六 怛姪他唵七 薩婆桑悉迦囉八 波唎輸
底九 達磨底十 伽伽娜十一 莎訶某特伽底十二 薩婆婆毗輸底十三 摩訶娜耶十四 波唎婆唎莎
訶十五 爾時復有三十六姟佛一時同聲說是無量壽宗要經陁羅尼曰
南謨薄伽勃底一 阿波唎蜜多二 阿喻紇硯娜三 須毗你悉指陁四 囉佐耶五 怛他羯他耶六
怛姪他唵七 薩婆桑悉迦囉八 波唎輸底九 達磨底十 伽伽娜十一 莎訶某特迦底十二 莎婆婆毗輸

怛姪他唵七 薩婆桑悉迦羅八 波唎輸底九 達磨底十 伽迦娜十一 莎訶某特迦底十二 薩婆
婆毗輸底十三 摩訶娜耶十四 波唎婆唎莎訶十五
尒時復有恒河沙嬈佛一時同聲說
是无量壽宗要經陁羅尼曰 南謨薄伽勃底一 阿波唎蜜多二 阿喻紇硯娜三
須毗你悉指陁四 囉佐耶五 怛他羯他耶六 怛姪他唵七 薩婆桑悉迦羅八 波唎輸底九 達磨
底十 伽迦娜十一 莎訶某特迦底十二 薩婆婆毗輸底十三 摩訶娜耶十四 波唎婆唎莎訶十五
善男子若有自書寫教人書寫是无量壽宗要經如其命盡復得長壽而滿年陁羅
羅尼曰 南謨薄伽勃底一 阿波唎蜜多二 阿喻紇硯娜三 須毗你悉指陁四 囉佐耶五 怛他
羯他耶六 怛姪他唵七 薩婆桑悉迦囉八 波唎輸底九 達磨底十 伽迦娜十一 莎訶某特迦底十二
薩婆婆毗輸底十三 摩訶娜耶十四 波唎婆唎莎訶十五 尒 若有自書寫教人書寫是
无量壽宗要經讀誦受持畢竟不墮地獄在在所生得宿命智陁羅尼曰
南謨薄伽勃底一 阿波唎蜜多二 阿喻紇硯娜三 須毗你悉指陁四 囉佐耶五 怛他羯他耶六
怛姪他唵七 薩婆桑悉迦囉八 波唎輸底九 達磨底十 伽迦娜十一 莎訶某特迦底十二
薩婆婆毗輸底十三 摩訶娜耶十四 波唎婆唎莎訶十五
若有自書寫教人書寫是无量壽宗要經受持讀誦如同書寫八万四千一切經典陁羅
尼曰 南謨薄伽勃底一 阿波唎蜜多二 阿喻紇硯娜三 須毗你悉指陁四 囉佐耶五 怛他羯他耶六

尼曰 南謨薄伽勃底一 阿波唎蜜多二 阿喻紇硯娜三 須毗你悉指陀四 囉佐耶五 怛他羯他耶六
怛姪他唵七 薩婆桑悉迦囉八 波唎輸底九 達磨底十 伽迦娜十一 莎訶某特迦底十二 薩婆婆
毗輸底十三 摩訶娜耶十四 波唎婆唎莎訶十五 若有自書寫教人書寫是无量壽宗要經所
是書寫八万四千部建立塔廟陀羅尼曰 南謨薄伽勃底一 阿波唎蜜多二 阿喻紇硯娜三
須毗你悉指陀四 囉佐耶五 怛他羯他耶六 怛姪他唵七 薩婆桑悉迦囉八 波唎輸底九 達磨底
伽迦娜十一 莎訶某特迦底十二 薩婆婆毗輸底十三 摩訶娜耶十四 波唎婆嚩莎訶十五
若有自書寫教人書寫是无量壽宗要經能消五无間等一切重罪陀羅尼曰
南謨薄伽勃底一 阿波唎蜜多二 阿喻紇硯娜三 須毗你悉指陀四 囉佐耶五 怛他羯他耶六 怛姪他唵七
薩婆桑悉迦囉八 波唎輸底九 達磨底十 伽迦娜十一 莎訶某特迦底十二 薩婆婆毗輸底十三
摩訶娜耶十四 波唎婆嚩莎訶十五 若有自書寫教人書寫是无量壽宗要經受持讀
誦設有重罪猶如須弥盡能除滅陀羅尼曰 南謨薄伽勃底一 阿波唎蜜多二 阿喻紇硯
娜三 須毗你悉指陀四 囉佐耶五 怛他羯他耶六 怛姪他唵七 薩婆婆桑悉迦囉八 波唎輸底九
達磨底十 伽迦娜十一 莎訶某特迦底十二 薩婆婆毗輸底十三 摩訶娜耶十四 波唎婆唎莎訶
若有自書寫教人書寫是无量壽宗要經受持讀誦若魔魔之眷屬夜叉羅刹不得其
便終无枉死者陀羅尼曰 南謨薄伽勃底一 阿波唎蜜多二 阿喻紇硯娜三 須毗你悉指陀四

若有自書教人書寫是无量壽宗要經受持讀誦當命終時有九十九嬈佛現其人
前蒙千佛授手能遊一切佛剎莫於此經生於疑惑陁羅尼曰 南謨薄伽勃底一阿波唎
蜜多二阿喻紇硯娜三須毗你悉指陁四囉佐耶五怛他羯他耶六怛姪他唵七薩婆桑悉迦
囉八波唎輸底九達摩底十伽伽娜十一莎訶某特迦底十二薩婆婆毗輸底十三
摩訶娜耶十四波唎婆唎莎訶十五 若有自書寫教人書寫是无量壽宗要經受持讀誦者
得四天大王隨其衛護陁羅尼曰 南謨薄伽勃底一阿波唎蜜多二阿喻紇硯娜三須毗你
悉指陁四囉佐耶五怛他羯他耶六怛姪他唵七薩婆桑悉迦囉八波唎輸底九達摩底十
伽伽娜十一莎訶某特迦底十二薩婆婆毗輸底十三摩訶娜耶十四波唎婆唎莎訶十五
若有自書寫教人書寫是无量壽宗要經受持讀誦當得往生西方極樂世界阿弥
陁淨土陁羅尼曰 南謨薄伽勃底一阿波唎蜜多二阿喻紇硯娜三須毗你悉指
陁四囉佐耶五怛他羯他耶六怛姪他唵七薩婆桑悉迦囉八波唎輸底九達摩底十
伽伽娜十一莎訶某特迦底十二薩婆婆毗輸底十三摩訶娜耶十四波唎婆唎莎訶十五
若有方所自書寫使人書寫是无量壽宗要經典之處則為是塔皆應恭敬作礼若
畜生或為鳥獸得聞是經如是等類皆當不久得成一切種智陁羅尼曰
南謨薄伽勃底一阿波唎蜜多二阿喻紇硯娜三須毗你悉指陁四囉佐耶五怛他羯他耶六

BD00355　無量壽宗要經（甲本）

畜生其為鳥獸得聞是經世尊聽者當不久得成一切種智陀羅尼曰
南謨薄伽勃底一 阿波唎蜜多二 阿喻紇硯娜三 須毗你悉指陀四 囉佐耶五 怛他羯他耶六
怛姪他耶唵七 薩婆桑悉迦羅八 波唎輸底九 達磨底十 伽迦娜十一 莎訶其特迦底十二
薩婆婆毗輸底十三 摩訶娜耶十四 波唎婆唎莎訶十五 若有於是無量壽經自書寫若
使人書寫畢竟不受女人之身陀羅尼曰 南謨薄伽勃底一 阿波唎蜜多二 阿喻紇硯娜三
須毗你悉指陀四 囉佐耶五 怛他羯他耶六 怛姪他唵七 薩婆桑悉迦囉八 波唎輸底九 達磨底十
伽迦娜十一 莎訶其特迦底十二 薩婆婆毗輸底十三 摩訶娜耶十四 波唎婆唎莎訶十五
若有能於是經少分能惠施者等於三千大千世界滿中七寶布施陀羅尼曰
南謨薄伽勃底一 阿波唎蜜多二 阿喻紇硯娜三 須毗你悉指陀四 囉佐耶五 怛他羯他耶六 怛姪
他唵七 薩婆桑悉迦囉八 波唎輸底九 達磨底十 伽迦娜十一 莎訶其特迦底十二 莎婆婆毗
輸底十三 摩訶娜耶十四 波唎婆唎莎訶 十五 若有能供養一切諸經等充有異陀羅
尼曰 南謨薄伽勃底一 阿波唎蜜多二 阿喻紇硯娜三 須毗你悉指陀四 囉佐耶五 怛他羯他耶
怛姪他唵七 薩婆桑悉迦囉八 波唎輸底九 達磨底十 伽迦娜十一 莎訶其特迦底十二 薩婆婆
毗輸底十三 摩訶娜耶十四 波唎婆囉莎訶十五 如是毗婆尸佛尸棄佛毗舍浮佛俱留孫佛
俱那含牟尼佛 迦葉佛 釋迦牟尼佛 若有人以七寶供養如是七佛其福有限
書寫受持是無量壽經典所有功德不可限量陀羅尼曰

薩婆婆毗輸底十三 摩訶娜耶十四 波唎婆唎莎訶十五 若有七寶等於須彌以用布施
其福上能知其限量是無量壽經典其福不可知數陁羅尼曰
南謨薄伽勃底一 阿波唎蜜多二 阿喻紇硯娜三 須毗你悉指陁四 囉佉耶五 怛他羯他耶六
怛姪他唵七 薩婆桑悉迦囉八 波唎輸底九 達磨底十 伽迦娜十一 莎訶某特迦底 十二
薩婆婆毗輸底十三 摩訶娜耶十四 波唎婆唎莎訶十五
如是四大海水可知渧數是無量壽經典所生果報不可數量陁羅尼曰
南謨薄伽勃底一 阿波唎蜜多二 阿喻紇硯娜三 須毗你悉指陁四 怛他羯他耶五 怛姪他唵七
薩婆桑悉迦囉八 波唎輸底九 達磨底十 伽迦娜十一 莎訶某特迦底十二 莎婆婆毗輸
底十三 摩訶娜耶十四 波唎婆唎莎訶十五 若有自書使人書寫是無量壽經典又能
護持供養即如恭敬供養一切十方佛土如來無有別異陁羅尼曰
南謨薄伽勃底一 阿波唎蜜多二 阿喻紇硯娜三 須毗你悉指陁四 囉佉耶五 怛他羯他耶
怛姪他唵七 薩婆桑悉迦囉八 波唎輸底九 達磨底十 伽迦娜十一 莎訶某特迦底 十二
薩婆婆毗輸底十三 摩訶娜耶十四 波唎婆唎莎訶 十五
布施力能成正覺 悟布施力人師子 布施力能聲普聞 慈悲階漸最能入
持戒力能成正覺 悟持戒力人師子 持戒力能聲普聞 慈悲階漸最能入

持戒力能成正覺　悟持戒力人師子　持戒力能聲香聞　慈悲階漸最能入
忍辱力能成正覺　悟忍辱力人師子　忍辱力能聲香聞　慈悲階漸最能入
精進力能成正覺　悟精進力人師子　精進力能聲香聞　慈悲階漸最能入
禪定力能成正覺　悟禪定力人師子　禪定力能聲香聞　慈悲階漸最能入
智慧力能成正覺　悟智慧力人師子　智慧力能聲香聞　慈悲階漸力能入
尒時如來說是經已一切世間天人阿脩羅揵闥婆等聞佛所說皆大歡喜信受奉行
佛說无量壽宗要經

馬豐

BD00356 妙法蓮華經（十卷本）卷二

（後秦）鳩摩羅什 譯

642cm × 25.9cm

如來以小乘
所以者……待說所因成就
羅三藐三菩提者必以大乘而得度脫
等不解方便隨宜說法初聞佛法遇便信受
思惟取證世尊我從昔來終日竟夜每自剋
責而今從佛聞所未聞未曾有法斷諸疑悔
身意泰然快得安隱今日乃知真是佛子從
佛口生從法化生得佛法分尒時舍利弗欲
重宣此義而說偈言
我聞是法音　得所未曾有　心懷大歡喜　疑網皆已除
昔來蒙佛教　不失於大乘　佛音甚希有　能除眾生惱
我已得漏盡　聞亦除憂惱　我處於山谷　或在林樹下
若坐若經行　常思惟此事　嗚呼深自責　云何而自欺
我等亦佛子　同入无漏法　不能於未來　演說无上道

我獨經行時　見佛在大衆　名聞滿十方　廣饒益衆生
自惟失此利　我為自欺誑　我常於日夜　每思惟是事
欲以問世尊　為失為不失　我常見世尊　稱讚諸菩薩
以是於日夜　籌量如此事　今聞佛音聲　隨宜而說法
无漏難思議　令衆至道場　我本著耶見　為諸梵志師
世尊知我心　拔耶說涅槃　我悉除耶見　於空法得證
尒時心自謂　得至於滅度　而今乃自覺　非是實滅度
若得作佛時　具三十二相　天人夜叉衆　龍神等恭敬
是時乃可謂　永盡滅无餘　佛於大衆中　說我當作佛
聞如是法音　疑悔悉已除　初聞佛所說　心中大驚疑
將非魔作佛　惱亂我心耶　佛以種種緣　譬喻巧言說
其心安如海　我聞疑網斷　佛說過去世　无量滅度佛
安住方便中　亦皆說是法　現在未來佛　其數无有量
亦以諸方便　演說如是法　如今者世尊　從坐(生)及出家

BD00356　妙法蓮華經（十卷本）卷二

安住方便中　亦皆說是法　現在未來佛　其數无有量
亦以諸方便　演說如是法　如今者世尊　從生及出家
得道轉法輪　亦以方便說　世尊說實道　波旬无此事
以是我定知　非是魔作佛　我墮疑網故　謂是魔所為
聞佛柔濡音　深遠甚微妙　演暢清淨法　我心大歡喜
疑悔永已盡　安住實智中　我定當作佛　為天人所敬
轉无上法輪　教化諸菩薩
尒時佛告舍利弗吾今於天人沙門婆羅門
等大眾中說我昔曾於二万億佛所為无上
道故常教化汝汝亦長夜隨我受學我以方
便引導汝故生我法中舍利弗我昔教汝志
願佛道汝今悉忘而便自謂已得滅度我今
還欲令汝憶念本願所行道故為諸聲聞說
是大乘經名妙法蓮華教菩薩法佛所護念
舍利弗汝於未來世過无量无邊不可思議

所行之道當得作佛号曰華光如来應供正遍
知明行足善逝世間解无上士調御丈夫天
人師佛世尊國名離垢其土平政清淨嚴餝
安隱豊樂天人熾盛瑠璃為地有八交道黄
金為繩以界其側其傍各有七寶行樹常有
華菓華光如来亦以三乘教化衆生舍利弗
彼佛出時雖非惡世以本願故説三乘法其
劫名大寶莊嚴何故名曰大寶莊嚴其國中
以菩薩為大寶故彼諸菩薩无量无邊不可
思議筭數譬喻所不能及非佛知力无能知
者若欲行時寶華承足此諸菩薩非初發意
皆久殖德本於无量百千万億佛所淨脩梵
行恒為諸佛之所稱歎常脩佛慧具大神
通善知一切諸法之門質直无偽志念堅固如
是菩薩充滿其國舍利弗華光佛壽十二小

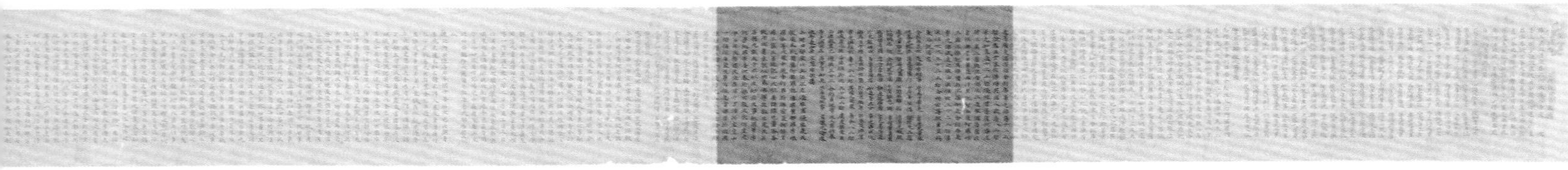

是菩薩充滿其國舍利弗華光佛壽十二小
劫除為王子未作佛時其國人民壽八小劫
華光如来過十二小劫授堅滿菩薩阿耨多
羅三藐三菩提記告諸比丘是堅滿菩薩次
當作佛号曰華足安行多陁阿伽度阿羅呵
三藐三佛陁其佛國土亦復如是舍利弗是
華光佛滅度之後正法住世三十二小劫像
法住世亦三十二小劫尒時世尊欲重宣此
義而說偈言

舍利弗来世　成佛普智尊　号名曰華光　當度无量衆
供養无數佛　具足菩薩行　十力等功德　證於无上道
過无量劫已　劫名大寶嚴　世間名離垢　清淨无瑕穢
以瑠璃為地　金繩界其道　七寶雜色樹　常有華菓實
彼國諸菩薩　志念常堅固　神通波羅蜜　皆已悉具足

華光佛住世　壽十二小劫　其國人民衆　壽命八小劫
佛滅度之後　正法住於世　三十二小劫　廣度諸衆生
正法滅盡已　像法三十二　舍利廣流布　天人普供養
華光佛所為　其事皆如是　其兩足世尊　最勝无倫匹
彼即是汝身　宜應自欣慶
尒時四部衆比丘比丘尼優婆塞優婆夷天
龍夜叉乾闥婆阿脩羅迦樓羅緊那羅摩睺
羅伽等大衆中見舍利弗於佛前受阿耨多
羅三藐三菩提記心大歡喜踊躍无量各各
脫身所著衣服以供養佛釋提桓因梵天王
等與无數天子亦以天妙衣天曼陀羅華摩
訶曼陀羅華等供養於佛所散天衣住虛空
中而自迴轉諸天伎樂百千万種於虛空中
一時俱作而雨衆天華而作是言佛昔於波羅

BD00356　妙法蓮華經（十卷本）卷二

一時俱作雨衆天華而作是言佛昔於波羅
捺初轉法輪今乃復轉无上最大法輪尒時
諸天子欲重宣此義而說偈言
昔於波羅捺　轉四諦法輪　分別說諸法　五衆之生滅
今復轉最妙　无上大法輪　是法甚深奧　少有能信者
我等從昔來　數聞世尊說　未曾聞如是　深妙之上法
世尊說是法　我等皆隨喜　大智舍利弗　今得受尊記
我等亦如是　必當得作佛　於一切世間　最尊无有上
佛道叵思議　方便隨宜說
我所有福業　今世若過世　及見佛功德　盡迴向佛道
尒時舍利弗白佛言世尊我今无復疑悔親
於佛前得受阿耨多羅三藐三菩提記是諸
千二百心自在者昔住學地佛常教化言我
法能離生老病死究竟涅槃是學无學人亦

為四衆說其因緣令離疑悔尒時佛告舍利
弗我先不言諸佛世尊以種種因緣譬喻言
辞方便說法皆為得阿耨多羅三藐三菩提
耶是諸所說皆為教菩薩故然舍利弗我今
當復以譬喻更明此義諸有智者以譬喻得
解舍利弗若國邑聚落有大長者其年衰邁
財富無量多有田宅及諸僮僕其家廣大唯
有一門多諸人衆一百二百乃至五百人止
住其中堂閣朽故墻壁頹落柱根腐敗梁棟
傾危周匝俱時欻然火起焚燒舍宅長者諸
子若十廿或至卅在此宅中長者見是大火
從四面起即大驚怖而作是念我雖能於此所
此
所燒之門安隱得出而諸子等於火宅內樂著

BD00356　妙法蓮華經（十卷本）卷二

所燒之門安隱得出而諸子等於火宅內樂著
嬉戲不覺不知不驚不怖火來逼身苦痛切
己心不厭患无求出意舍利弗是長者作是
思惟我身手有力當以衣裓若以机案從舍
出之復更思惟是舍唯有一門而復狹小諸
子幼稚未有所識戀著戲處或當墮落為火
所燒我當為說怖畏之事此舍已燒宜時疾
出无令為火之所燒害作是念已如所思惟
具告諸子汝等速出父雖憐愍善言誘喻而
諸子等樂著嬉戲不肯信受不驚不畏了无
出心亦復不知何者是火何者為舍云何為
失但東西走戲視父而已爾時長者即作是
念此舍已為大火所燒我及諸子若不時出
必為所焚我今當設方便令諸子等得免斯

有難得汝若不取後必有悔如是種々羊車
鹿車牛車今在門外可以遊戲汝等於此火
宅宜速出來隨汝所欲皆當与汝尒時諸子
聞父所說珍玩之物適其願故心各勇銳互
相推排競共馳走諍出火宅是時長者見諸
子等安隱得出皆於四衢道中露地而坐无
復鄣㝵其心泰然歡喜踊躍時諸子等各白
父言父先所許玩好之具羊車鹿車牛車願
時賜與舍利弗尒時長者各賜諸子等一大車
其車高廣衆寶莊校周匝欄楯四面懸鈴又
於其上張設幰蓋亦以珍奇雜寶而嚴飾之
寶繩交絡垂諸華纓重敷綩綖安置丹枕駕
以白牛膚色充潔形體姝好有大筋力行步
平正其疾如風又多僕從而侍衛之所以者何

平政其疾如風又多僕從而侍衛之所以者何
是大長者財富无量種種諸藏悉皆充溢而
作是念我財物无極不應以下劣小車与諸
子等今此幼童皆是吾子愛无偏黨我有如
是七寶大車其數无量應當等心各各與之
不宜着差別所以者何以我此物周給一國猶
尚不匱何況諸子是時諸子各乘大車得未
曾有非本所望舍利弗於汝意云何是長者
等與諸子珍寶大車寧有虛妄不舍利弗言
不也世尊是長者但令諸子得免火難全其
軀命非為虛妄何以故若全身命便為已得
玩好之具況復方便於彼火宅而拔濟之世
尊若是長者乃至不與最小一車猶不虛妄
何以故是長者先作是意我以方便令子得

哉善哉如汝所言舍利弗如来然復如是則
為一切世間之父於諸怖畏衰惱憂患无明
闇蔽永盡无餘而悉成就无量知見力无所
畏有大神力及智慧力具足方便智慧波羅
蜜大慈大悲常无懈惓恒求善事利益一切
而生三界朽故火宅為度衆生生老病死憂
悲苦惱愚癡闇蔽三毒之火教化令得阿耨
多羅三藐三菩提見諸衆生為生老病死憂
悲苦惱之所燒煑然以五欲財利故受種種
苦又以貪著追求故現受衆苦後受地獄畜
生餓鬼之苦若生天上及在人間貧窮困苦
愛別離苦怨憎會苦如是等種種諸苦衆生
沒在其中歡喜遊戲不覺不知不驚不怖然
不生猒不求解脫於此三界火宅東西馳走

不生猒不求解脫於此三界火宅東西馳走
雖遭大苦不以為患舍利弗佛見此已便作
是念我為眾生之父應拔其苦難與无量无
邊佛智慧樂令其遊戲舍利弗如來復作是
念若我但以神力及智慧力捨於方便為諸
眾生讚如來知見力无所畏者眾生不能以
是得度所以者何是諸眾生未免生老病死
憂悲苦惱而為三界火宅所燒何由能解佛
之智慧舍利弗如彼長者雖復身手有力而
不用之但以慇懃方便勉濟諸子火宅之難
然後各與珍寶大車如來亦復如是雖有力
无所畏而不用之但以智慧方便於三界火
宅拔濟眾生為說三乘聲聞辟支佛佛乘而
作是言汝等莫得樂住三界火宅勿貪麤弊

汝保任此事終不虗耶汝等但當懃脩精進
如來以是方便誘進衆生復作是言汝等當
知此三乘法皆是聖所稱嘆自在无繫无所
依求乘是三乘以无漏根力覺道禪定解脫三
昧等而自娛樂便得无量安隱快樂舍利弗
若有衆生内有智性從佛世尊聞法信受慇
懃精進欲速出三界自求涅槃是名聲聞乘
如彼諸子為求羊車出於火宅若有衆生從
佛世尊聞法信受慇懃精進求自然慧樂獨
善寂深知諸法因緣是名辟支佛乘如彼諸
子為求鹿車出於火宅若有衆生從佛世尊
聞法信受懃脩精進求一切智佛智自然智
无師智如來智見力无所畏愍念安樂无量
衆生利益天人度脫一切是名大乘菩薩求

衆生利益天人度脫一切是名大乘菩薩求
此乘故名為摩訶薩如彼諸子為求牛車出
於火宅舍利弗如彼長者見諸子等安隱得
出火宅到无畏處自惟財富无量等以大車
而賜諸子如來亦復如是為一切衆生之父
若見无量億千衆生以佛教門出三界苦怖
畏險道得涅槃樂如來尒時便作是念我有
无量无邊智慧力无畏等諸佛法藏是諸衆生
皆是我子等與大乘不令有人獨得滅度皆
以如來滅度而滅度之是諸衆生脫三界者
悉與諸佛禪定解脫三昧等娛樂之具皆是
一相一種聖所稱歎能生淨妙第一之樂舍
利弗如彼長者以三種車誘引諸子然後但
與大車寶物莊嚴安隱第一然彼長者无虛

如來有无量智慧力无所畏諸法之藏能與
一切衆生大乘之法但不能盡受舍利弗以
是因緣當知諸佛以方便力故於一佛乘分
別說三佛欲重宣此義而說偈言

譬如長者　有一大宅　其宅朽故　而復頓弊
堂舍高危　柱根摧朽　梁棟傾斜　基陛頹毀
牆壁圮坼　泥塗褫落　覆苫亂墜　椽梠差脫
周鄣屈曲　雜穢充遍　有五百人　止住其中
鵄梟鵰鷲　烏鵲鳩鴿　蚖虵蝮蠍　蜈蚣蚰蜒
守宮百足　狖狸鼷鼠　諸惡虫輩　交橫馳走
屎尿臭處　不淨流溢　蜣蜋諸虫　而集其上
狐狼野干　咀嚼踐蹋　嚌齧死屍　骨肉狼藉
由是羣狗　競來搏撮　飢羸慞惶　處處求食
鬪諍攎掣　嘊喍嗥吠　其舍恐怖　變狀如是

BD00356　妙法蓮華經（十卷本）卷二

鬪諍𪗋掣　嘊喍嘷吠　其舍恐怖　變狀如是
處處皆有　魑魅魍魎　夜叉惡鬼　食噉人宍
毒虫之屬　諸惡禽獸　孚乳產生　各自藏護
夜叉競來　爭取食之　食之既飽　惡心轉熾
鬪諍之聲　甚可怖畏　鳩槃荼鬼　蹲踞土埵
或時離地　一尺二尺　往返遊行　縱逸嬉戲
捉狗兩足　撲令失聲　以脚加頸　怖狗自樂
復有諸鬼　其身長大　裸形黑瘦　常住其中
發大惡聲　叫呼求食　復有諸鬼　其咽如針
復有諸鬼　首如牛頭　或食人宍　或復噉狗
頭髮蓬亂　殘害凶嶮　飢渴所逼　叫喚馳走
夜叉餓鬼　諸惡鳥獸　飢急四向　窺看窓牖
如是諸難　恐畏无量　是朽故宅　屬于一人
其人近出　未久之間　於後宅舍　忽然火起

鵰鷲諸鳥　鳩槃荼等　周慞惶怖　不能自出
惡獸毒蟲　藏竄孔穴　毘舍闍鬼　亦住其中
薄福德故　為火所逼　共相殘害　飲血噉肉
野干之屬　並已前死　諸大惡獸　競來食噉
臭烟熢㶿　四面充塞　蜈蚣蚰蜒　毒蛇之類
為火所燒　爭走出穴　鳩槃荼鬼　隨取而食
又諸餓鬼　頭上火然　飢渴熱惱　周慞悶走
其宅如是　甚可怖畏　毒害火災　眾難非一
是時宅主　在門外立　聞有人言　汝諸子等
先因遊戲　來入此宅　稚小无知　歡娛樂著
長者聞已　驚入火宅　方宜救濟　令无燒害
告喻諸子　說眾患難　惡鬼毒蟲　災火蔓延
眾苦次第　相續不絕　毒蛇蚖蝮　及諸夜叉
鳩槃荼鬼　野干狐狗　鵰鷲鵄梟　百足之屬

鳩槃荼鬼　野干狐狗　鵰鷲鵄梟　百足之屬
飢渴惱急　甚可怖畏　此苦難處　況復大火
諸子无知　雖聞父誨　猶故樂著　嬉戲不已
是時長者　而作是念　諸子如此　益我愁惱
今此舍宅　无一可樂　而諸子等　耽湎嬉戲
不受我教　將為火害　即便思惟　設諸方便
告諸子等　我有種種　珍玩之具　妙寶好車
羊車鹿車　大牛之車　今在門外　汝等出來
吾為汝等　造作此車　隨意所樂　可以遊戲
諸子聞說　如此諸車　即時奔競　馳走而出
到於空地　諸離苦難　長者見子　得出火宅
住於四衢　坐師子坐　而自慶言　我今快樂
此諸子等　生育甚難　愚小无知　而入險宅
多諸毒虫　魑魅可畏　大火猛炎　四面俱起

皆詣父所　而白父言　願賜我等　三種寶車
如前所許　諸子出來　當以三車　隨汝所欲
今正是時　唯垂給與　長者大富　庫藏衆多
金銀瑠璃　車磲馬瑙　以衆寶物　造諸大車
莊挍嚴餝　周匝蘭楯　四面懸鈴　金繩絞絡
真珠羅網　張施其上　金華諸瓔　處處垂下
衆綵雜餝　周匝圍遶　柔濡繒纊　以為茵蓐
上妙細疊　價直千億　鮮白淨潔　以覆其上
有大白牛　肥壯多力　形體姝好　以駕寶車
多諸儐從　而侍衛之　如是妙車　等賜諸子
諸子是時　歡喜踊躍　乘是寶車　遊於四方
遊戲快樂　自在无㝵
告舍利弗　我亦如是　衆聖中尊　世間之父
一切衆生　皆是吾子　深著世樂　无有慧心

一切衆生　皆是吾子　深著世樂　无有慧心
三界无安　猶如火宅　衆苦充滿　甚可怖畏
常有生老　病死憂患　如是等火　熾然不息
如來已離　三界火宅　寂然閑居　安處林野
今此三界　皆是我有　其中衆生　悉是吾子
而今此處　多諸患難　唯我一人　能為救護
雖復教詔　而不信受　於諸欲染　貪著深故
以是方便　為說三乘　令諸衆生　知三界苦
開示演說　出世間道　是諸子等　若心決定
具足三明　及六神通　有得緣覺　不退菩薩
汝舍利弗　我為衆生　以此譬喻　說一佛乘
汝等若能　信受是語　一切皆當　成得佛道
是乘微妙　清淨第一　於諸世間　為无有上
佛所悅可　一切衆生　所應稱讚　供養禮拜

與諸菩薩　及聲聞衆　乘是寶乘　直至道場
以是因緣　十方諦求　更无餘乘　除佛方便
告舍利弗　汝諸人等　皆是吾子　我則是父
汝等累劫　衆苦所燒　我皆濟拔　令出三界
我雖先說　汝等滅度　但盡生死　而實不滅
今所應作　唯佛智慧　若有菩薩　於是衆中
能一心聽　諸佛實法　諸佛世尊　雖以方便
所化衆生　皆是菩薩　若人小智　深著愛欲
為是等故　說於苦諦　衆生心喜　得未曾有
佛說苦諦　真實无異　若有衆生　不知苦本
深著苦因　不能暫捨　為是等故　方便說道
諸苦所因　貪欲為本　若滅貪欲　无所依止
滅盡諸苦　名第三諦　為滅諦故　脩行於道
離諸苦縛　名得解脫　是人於何　而得解脫
但離虛妄　名為解脫　其實未得　一切解脫

離諸苦縛　名得解脫　是人於何　而得解脫
但離虛妄　名為解脫　其實未得　一切解脫
佛說是人　未實滅度　斯人未得　无上道故
我意不欲　令至滅度　我為法王　於法自在
安隱衆生　故現於世　汝舍利弗　我此法印
為欲利益　世間故說　在所遊方　勿妄宣傳
若有聞者　隨喜頂受　當知是人　阿鞞跋致
若有信受　此經法者　是人已曾　見過去佛
恭敬供養　亦聞是法　若有人能　信汝所說
則為見我　亦見於汝　及比丘僧　并諸菩薩
斯法華經　為深智說　淺識聞之　迷惑不解
一切聲聞　及辟支佛　於此經中　力所不及
汝舍利弗　尚於此經　以信得入　況餘聲聞
其餘聲聞　信佛語故　隨順此經　非己智分

若人不信　毀謗此經　則斷一切　世間佛種
或復顰蹙　而懷疑惑　汝當聽說　此人罪報
若佛在世　若滅度後　其有誹謗　如斯經典
見有讀誦　書持經者　輕賤憎嫉　而懷結恨
此人罪報　汝今復聽　其人命終　入阿鼻獄
具足一劫　劫盡更生　如是展轉　至无數劫
從地獄出　當墮畜生　若狗野干　其形頦瘦
黧黮疥癩　人所觸嬈　又復為人　之所惡賤
常困飢渴　骨肉枯竭　生受楚毒　死被瓦石
斷佛種故　受斯罪報　若作駱駝　或生驢中
身常負重　加諸杖捶　但念水草　餘无所知
謗斯經故　獲罪如是　或作野干　來入聚落
身體疥癩　又无一目　為諸童子　之所打擲
受諸苦痛　或時致死　於此死已　更受蟒身

受諸苦痛　或時致死　於此死已　更受蟒身
其形長大　五百由旬　聾騃无足　蜿轉腹行
為諸小虫　之所唼食　晝夜受苦　无有休息
謗斯經故　獲罪如是　若得為人　諸根闇鈍
矬陋攣躄　盲聾背傴　有所言說　人不信受
口氣常臭　鬼魅所著　貧窮下賤　為人所使
多病痟瘦　无所依怙　雖親附人　人不在意
若有所得　尋復忘失　若脩醫道　順方治病
更增他疾　或復致死　若自有病　无人救療
設服良藥　而復增劇　若他反逆　抄劫竊盜
如是等罪　橫羅其殃　如斯罪人　永不見佛
衆聖之王　說法教化　如斯罪人　常生難處
狂聾心亂　永不聞法　於（无）數劫无　如恒河沙
生輒聾瘂　諸根不具　常處地獄　如遊園觀

貧窮諸衰　以自莊嚴　水腫乾痟　疥癩癰疽
如是等病　以為衣服　身常臭處　垢穢不淨
深著我見　增益瞋恚　婬欲熾盛　不擇禽獸
謗斯經故　獲罪如是
告舍利弗　謗斯經者　若說其罪　窮劫不盡
以是因緣　我故語汝　无智人中　莫說此經
若有利根　智慧明了　多聞强識　求佛道者
（若人曾見　億百千佛　殖眾德本　深心堅固　如是之人　乃可為說）
如是之人　乃可為說　若人精進　常脩慈心
不惜身命　乃可為說　若人恭敬　无有異心
離諸凡愚　獨處山澤　如是之人　乃可為說
又舍利弗　若見有人　捨惡知識　親近善友
如是之人　乃可為說　若見佛子　持戒淨潔
如淨明珠　求大乘經　如是之人　乃可為說
若人无瞋　質直柔濡　常愍一切　恭敬諸佛

若人无瞋 質直柔濡 常愍一切 恭敬諸佛
如是之人 乃可為說 復有佛子 於大衆中
以淨清心 種々因緣 譬喻言辭 說法无㝵
如是之人 乃可為說 若有比丘 為一切智
四方求法 合掌頂受 但樂受持 大乘經典
乃至不受 餘經一偈 如是之人 乃可為說
如人至心 求佛舍利 如是求經 得已頂受
其人不復 志求餘經 亦未曾念 外道典籍
如是之人 乃可為說 告舍利弗 我說是相
求佛道者 窮劫不盡 如是等人 則能信解
汝當為說 妙法華經

妙法蓮華經卷苐二

BD00357-1 千眼千臂觀世音菩薩陀羅尼神咒經卷上

（唐）智通 譯

BD00357-2 千眼千臂觀世音菩薩陀羅尼神咒經卷下

（唐）智通 譯

BD00357-3 生净土陀羅尼等真言三道及念誦功德（擬）

723.6cm × 26cm

千臂千眼觀世音菩薩大身
娜麼薩囉婆二合若尒耶反耶一娜
囉二合怛引也二娜謨阿陁婆平重耶
囉訶羝三藐三菩陁耶四娜謨阿唎耶二合跋路引陌
枳帝五說縛二合囉耶六菩提菩埵耶七摩訶薩
埵耶八摩訶迦嚕尼去迦耶九娜謨摩訶薩他
摩二合波囉二合鉢多二合耶十菩提薩埵耶十一摩ヒ
薩埵耶十二摩訶迦嚕呢耶九迦皆鳴娜及十三娜謨
囉毗麼耶十四素上鉢唎二合底丁翼反瑟恥二合多
去十五僧弃長耶上素上引唎耶二合舍多婆呵薩囉
二合又呵阿羝唎引迦十六鉢囉二合婆重平阿縛皆麼反那婆
重平引悉多短慕引嘌怛重去矩二合曳十七摩訶末
尼去麼矩吒軍去荼囉陁嘌泥去十八薄伽伐底

有阿字更不須迦引上聲……去
廿一毗毗去隨毒長佉三摩鞞去引舍吠瑟吒二合廿二薩
婆薩埵皤哩慕者耶去耶廿三怛姪他廿四唵廿五勃
步重部長儲伏鞦反廿六摩訶路迦羯囉䋤廿七叉耶
跢丁呵反麼廿八悉底丁里反二合殑矩囉廿九鉢吒去囉縛
羅吒毗耶舍娜引伽囉耶卅一囉伽墜二合引薩紗
摩訶慕引訶闍引囉卅二奢摩去婆迦卅三奢皤
婆迦卅四囉訖叉迦卅五薩婆皤耶卅六宎唎揭二合底
平卅七鉢羅二合舍麼迦耶羯囉卅八薩婆怛他揭多
卅九三摩縛馱重引耶羯囉耶矩卌醯醯重努氣道之卌一摩
訶菩提薩埵縛囉馱二卌鉢頭摩二合路引迦三步重
阿卌三摩訶迦盧尼去迦卌四折殖列吒上摩矩吒長上撈近稔
音訖嘌二合多卌五舍唎囉麼尼羯耶上迦囉闍多跋
折囉二合吠佳嘀耶二合卌六楞訖嘌二合多舍利引囉卌七
阿須多引婆重硯耶短卌八迦摩羅楞訖嘌二合多卌九

BD00357－1　千眼千臂觀世音菩薩陀羅尼神咒經卷上

阿須多引婆重覩那短卌八迦摩羅㮯訖嘌二合多卌九
鉢囉二合上䭾去引囉那羅哩者那摩訶杜那娜囉
䂂那長唎五十舍多婆訶薩囉二合阿毗平重羅使多
迦耶五十一摩訶菩提薩埵五十二毗䭾摩毗䭾摩五十三
毗那舍耶毗那舍耶五十四摩訶演引覩嚕二合訖綟二
合引奢迦䭾去吒䭾去畔哆僧波婆引羅遮囉遮引囉
迦上短五十五娑囉迦囉二合摩他那五十六布嚕沙鉢摩頭
三合五十七布嚕沙那上伽五十八布嚕沙婆伽囉五十九毗引
囉毗囉闍耶六十素誕長路得可反素誕路六十一鉢囉筏
囉二合重路六十二䭾摩䭾摩六十三呰二摩呰二摩六十四覩重嚧都
嚧六十五鉢羅二合奢引薩耶六十六鉢囉二合奢引薩耶六
十七祁嚨祁嚨六十八毗嚨毗嚨六十九只嚨只嚨七十姥
毋音嚧姥嚧七十一姥庚姥庚七十二悶遮悶遮七十三都那
都那七十四毗近佛音杜那毗杜那七十五都嚕都嚕七十七伽

耆去八十二縛去引薩短那八十三麼麼寫自稱名替麼麼八十四上
荷去囉荷囉八十五僧司盈久荷囉荷囉八十六別入都重嚕
徵陽絕反八十六智知去杜嚕貶摩訶曇荼去短囉八十七飆嚕徵
起知迦囉婇今八十八舍哆鉢囉二合細引迦八十九縛婆婆九十
毗婆耶長舍麼迦九十一摩訶菩提薩埵九十二皤囉
馱九十三娑婆訶九十四
此陁羅尼名薄伽梵蓮花手嚴飾世尊於大
金剛歡喜歇說為尊勝菩薩及无量天龍緊
羅之所讃歎為摧壞廣大蓋障山故若有得
聞者若讀若誦得睹彼人所有一切煩惱障
悉得消滅若有人於晨朝時生尊重心讀
此陁羅尼者常為觀世音菩薩恒常隨逐擁
護是人所思念事皆得成就若有求願使得
成就者當獨坐靜處心念觀世音菩薩更勿

BD00357-1　千眼千臂觀世音菩薩陀羅尼神咒經卷上

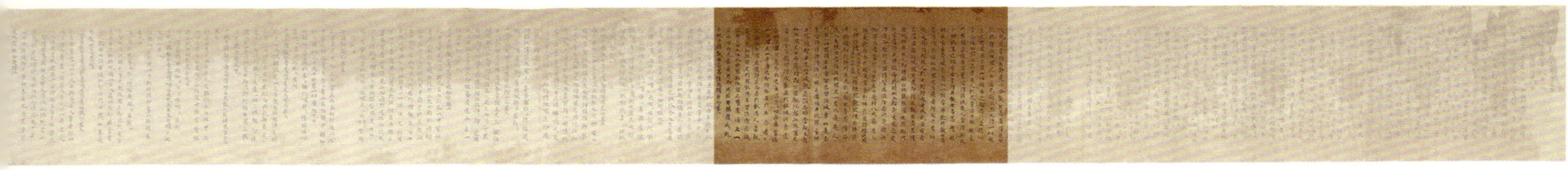

成就者當獨坐靜處心念觀世音菩薩更勿
餘緣誦此陁羅尼七遍无願不果又得一切衆
生之所愛樂不墮一切諸惡之趣若行若住心
常念佛如對目前者是人於无量百千俱胝生
所有積集諸惡罪業皆得消滅是人當得具足
千轉輪王之福生生常得與觀世音菩薩同
時出生生貴姓家若以一掬香華散於觀世音
菩薩像前誦此陁羅尼七遍者得大千界功
德大悲法性被人於世間得大力成就若有看
菩薩面誦此陁羅尼者即得見觀世音菩薩
微咲相見見已即得離垢地能照曜世間即於
此生當得見佛臨命終時如入禪定生生之處
得宿命智所有罪障皆悉消除若欲受持此
陁羅尼者當於白月十五日受持八戒齋著白

[illegible]二處取未用蜜地[illegible]
燒然燈即於佛所生恭敬心觀世音菩薩而
來入是壇內當誦此陁羅尼一百八遍是人、
所有一切罪障五逆重罪悉皆消滅身口意業
業皆得清淨得佛三昧力灌頂力波羅蜜地
力殊勝智力悉皆成就若須雨時當觀天誦
此陁羅尼甘雨應時即下若覩地誦此陁羅尼
者能令百穀皆得成熟若於枯池河泉邊
誦此陁羅尼者即水還盈滿若一切病患當誦
此陁羅尼以手摩之即得除差於失念者、
邊誦此陁羅尼還得正念若於飢渴人當觀
其面誦此陁羅尼所有飢渴悉皆消除若欲
結界當入池水中寫此陁羅尼繫著幢上一
百由旬內无諸衰患即成結界擁護成就
千眼千臂觀世音菩薩總攝身印第一

BD00357-1　千眼千臂觀世音菩薩陀羅尼神咒經卷上

千眼千臂觀世音菩薩摠攝身印第一
先起立端身並脚齊立右脚微曲少許先以
右手鉢下以无名指中指並屈著掌中小指
食指大母指散舒仰掌向上次以右手亦然
屈肘與膊齊以掌向前此是摠攝身印若欲
降伏魔怨及諸外道耶見稠林令入正道者
當作印誦姥陁羅尼廿一遍必如所願呪曰
那上謨曷囉二合怛那二合哆囉二合夜耶一那謨阿唎
耶二婆路吉帝攝伐二合囉耶三菩提薩埵
跛耶四摩訶薩埵跛耶五摩訶迦盧尼迦耶
怛姪他七阿跋陁阿跋陁八跋唎跋帝九埋醯
柬醯十莎訶十一
千眼千臂觀世音菩薩摠持陁羅尼印第二
准前身印上合掌當心以五指相叉左押右二

者滅除无量生死劫來惡業罪障一時消滅
當來往生十方淨土釋迦牟尼佛臨欲成道
爲魔王之所惱亂作此揔持陁羅尼印攘
得安樂禪定呪曰
跢姪他薩婆陁羅尼一曼荼羅耶二瞟醯褱
醯三鉢囉度輸馱四薩跢跛耶五莎訶六
千眼千臂觀世音菩薩解脫禪定印第三
先偏袒右肩右膝著地合掌頂上屈三頭指
以頭相拄二大指附頭指第三文上此法印名
解脫禪定印過去諸佛同脩此法得禪定解
脫三摩地若當結此印供養者速十方一
切諸佛印同前呪
千眼千臂觀世音菩薩千眼印呪第四
起立並足先以二中指无名小指各以甲背相

BD00357-1　千眼千臂觀世音菩薩陀羅尼神咒經卷上

起立並足先以二中指无名小指各以甲背相
著其二頭指豎頭相拄其二大母指側博附
頭指第二文上側腕開五寸許置於眉間此
名千眼印住此印呪法門者即得覩見百千
万億世界佛剎淨妙國土一一佛國各得百
万四千菩薩與行者為於同侶若未經三
曼荼羅者必不得見此印法門通作此法見
驗菩薩授與智通凡有所願皆滿足呪曰
唵一 薩婆斫芻伽囉耶二 陁囉尼三 因濕去丁唎耶
四 莎訶五
千臂揔攝印第五
起立並足先仰右手掌五指各相附後以左
手掌仰押右掌上當心著此名揔攝千臂印
此印能伏三千大千世界一切魔怨呪曰

千眼千臂觀世音菩薩通達三昧印第六
起立以腳跟相跓先以左手竪五指相博屈肘
向前託次以右手亦然屈肘向內託此名通、
達三昧印此印能令通達一切三昧智印莊
嚴八万四千法門皆因此法得阿耨多羅三藐
三菩提用前大呪
千眼千臂觀世音菩薩呼召天龍八部神鬼集會印
第七
起立並足先以左手无名指捻大母指甲上
次以右手亦如是作二小指及中指直竪頭
指合腕以頭指來去呪曰
唵一薩婆提婆那伽二阿去耶唎三莎訶
千眼千臂觀世音菩薩呼召大梵天王及召憍尸迦
來問印第八

来問印第八
准前印上開腕以手側相拄仰掌以頭指来
去呪曰
唵一摩訶梵摩去耶二瓔醯夷醯三莎訶四
此印呪法能攝无量无數陀羅尼印法門悉皆
来集日月蝕時呪蘇一百八遍以印印蘇食者
令人聰明日誦万偈此印法門曰藏如来受
與觀世音菩薩
千眼千臂觀世音菩薩歡喜摩尼隨意明珠印第九
起立合掌當心以二大母指雙屈入掌中餘四
指直竪合掌當心誦前大身呪廿一遍決定
得入諸天宮殿遊歷十方佛國土百千珎寶隨
心皆得供養諸佛若有人能作此法門者無
於晨朝早起清淨澡嗽作此印法面見十方

千眼千臂觀世音菩薩乞願隨心印第十

准前印屈二頭指押二大母指甲上其頭指甲背相著用前身呪若人隨所求願皆悉滿足必定不退菩提之道

千眼千臂觀世音菩薩入滅盡定三昧印第十一

准前印直竪散頭指大母指開掌此印我在因地時恒沙諸佛受我此印法令我得證菩提之道誦大身呪

千眼千臂觀世音菩薩請佛三昧印第十二

准前印合掌當心頭指來去呪曰

唵一 薩婆勃陁三摩去耶一二 摽隶隶醞三 鉢囉摩輸陁薩埵四 莎訶

千眼千臂觀世音菩薩十肘曼荼羅法門

凡作一切曼荼羅法門時謹案梵本云此國土

BD00357-1　千眼千臂觀世音菩薩陀羅尼神呪經卷上

凡作一切曼荼羅法門時謹案梵本云此國土
无有作曼荼羅地如彼天竺皆取上勝福
德之地以為壇場婆羅門國別有擇地方法
不能廣說且論漢地第一山居閑靜之處掘
地去其石礫及凡器惡物然始平治以瞿摩
夷和香塗地縱廣一丈六尺壇門四門
東方門安提頭賴吒天王　南方門安毗樓勒叉天王
西方門安毗樓博叉天王　北方門安毗沙門天王
次安天王左右及其眷屬各居本位其曼荼羅
中心安千眼千臂觀世音菩薩像前置案案上
置呪法燒種種香安種種飲食散種種香花
鮮者以為供養時日別不闕如是乃至三七日
盡意供養作法呼召一切皆來其呪法師面向
東方誦身呪作前第一第二第三及至十二請

来令菩提决定心端坐想一切呪神在其眼前一
无障難不得異境誦前大身呪滿一千八十遍尒
時觀世音菩薩現阿難身相貌来問行者所須
何法求何願耶此語智通親自供養蒙作此問
以此録之行者自言為求无上菩提陁羅尼法言
蒙受記之時唯願發慇懃心无求利養所願
救一切衆生觀同一子又願一切鬼神悉皆順伏
得如願已但自知之不得向人傳說智通翻此法
與玄謩一本玄謩學又法若欲得求一切願者
當作四肘水曼荼羅燒沉水香誦前身呪一百
八遍作前第九乞願印印得一切如滿足訖即
棄却又法若欲得一切歡喜作前第九歡喜摩
尼隨意明珠印請身呪呪烏麻廿一遍火中
燒之即得如意

BD00357－1　千眼千臂觀世音菩薩陀羅尼神咒經卷上

燒之即得如意
若欲令曷囉(二合)闍歡喜者當取曷囉(二合)闍
園内樹枝呪廿一遍擲置園中即得歡喜若欲
得降伏惡人怨家者當呪苦練木廿一遍火中
燒之即得歸伏
又法若有神鬼難調伏者取安悉香及白芥
子呪廿一遍擲火中燒一切神鬼病者自然臣
伏若有疫病流行當作四肘水曼荼羅取好
牛蘇呪一百八遍火中燒之一切災疫病悉皆
消滅昔有罽賓國疫病流行得病不過一二
日並死有婆羅門真帝將此法行疫病應時
即得消滅行病鬼王出離國境知有驗耳又
法取少分與疫病人食之立即除愈又法他
國假繞盜賊逆乱起來作前第一揔攝身印

況水香誦呪滿一千八遍即得轉其業障若
有女人臨當產時受大苦惱呪蘇廿一遍令
彼食之必定安樂所生男女具大相好衆善
莊嚴宿殖德本令人愛敬常於人中受勝快
樂若有衆生眼痛者以菩薩千眼印呪廿一
遍以娑陁羅尼印印眼眼即光明徹見上界
諸天受勝快樂次說畫像法謹案梵本造
像皆用白疊廣十肘此土一丈六尺長廿肘此
土三丈二尺菩薩身作檀金色面有三眼一千
臂一一掌中有一眼綵色中不得著膠以香乳
和綵色菩薩頭著七寶冠身垂瓔珞
又一本云此无好白疊但取一幅白疊菩薩身
長五尺作兩臂依前第五千臂印法亦得供養
不要千眼千臂此法亦依梵本唯菩薩額

BD00357-1　千眼千臂觀世音菩薩陀羅尼神呪經卷上

不要千眼千臂此法亦依梵本唯菩薩頟
上更安一眼即得若欲供養此法門者先須
畫像其像畫法必須作曼荼羅如法令近
者受八戒齋日日齋出一廁上洗浴其像作成
中即須作法廣設供養滿三七日千眼千臂觀
世音像必放大光明過於日月除不至心其千
眼千臂觀世音菩薩法過去毗婆尸佛亦現
作降魔身千眼中各出一佛以爲賢劫千佛
也千臂各各化出一輪王爲千代轉輪聖王
此菩薩降魔身中冣爲第一
尒時世尊告觀世音菩薩我以佛力竆劫廣
説不能得盡尒時觀世音菩薩聞佛説已歡
喜信受作礼而退
佛説千眼千臂觀世音菩薩陁羅尼神呪經卷下

醯首羅不安皆大怨懼一切惡鬼皆大叫喚受
大苦惱東西散走莫知所趣尒時化身語諸
大衆及諸惡鬼神等若不隨順我呪者違逆
者頭破粉碎此呪能摧破諸山乾竭大海此
呪能摧阿脩羅軍護諸國土此呪能摧伏一
切惡鬼神一切諸病一切惡毒一切惡人此呪能
摧碎卅三天皆令降伏若有善男子有能誦
持此呪者其人威力說不可盡此呪能令誦
持之者豪貴自在亦能令國王終身愛念
稱意所求悉皆滿足若欲降伏魔怨者當燒
求羅香誦我身呪廿一遍若欲令一切人愛
己者呪楊枝廿一遍口中嚼之即得愛敬若欲
令自身辯才智慧者呪昌蒲一千八遍塗其心
上即得辯才无礙作娑陁羅心呪印

BD00357-1　千眼千臂觀世音菩薩陀羅尼神咒經卷上　BD00357-2　千眼千臂觀世音菩薩陀羅尼神咒經卷下

上即得辯才无礙作娑陁羅心呪印
千眼千臂觀世音菩薩辯才无㝵印第十三
以兩手相背合掌大母指向前卻此印能自護
護他當須結界隨所遊方或呪淨水或呪淨
灰各呪七遍所住在處以手掬水掬灰先灑
自身然後向於四方四角如法散灑若有善ゝ
男子善女人被諸惡衆耶魍魎之所或亂者
取石榴枝及楊枝陰誦此呪輕打病人无病
不差呪曰
南无薩婆勃陁達摩僧祇比耶　南无阿利耶婆
盧吉泜攝伐羅嗚　菩提薩多跛寫
南无跋折囉波尼寫　菩提薩多波寫
跢姪他　徒比徒比迦耶徒比娑羅闍娑羅尼
馺皤訶

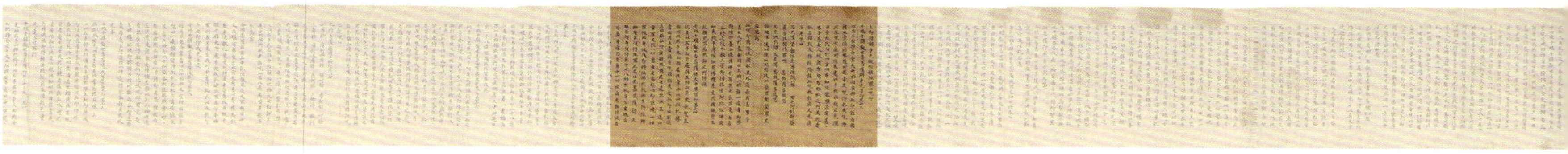

種種供養十億諸佛无有異也永不受 七身
命終之後永離三塗即得往生阿弥陀佛國
如來授手摩頂汝莫怖懼來生我國現身不
被横死不爲鬼神之所得便
千眼千臂觀世音菩薩碎大千界罪印第十四
起立以左手向前展臂五指向前散託竪五
指次以右手大母指屈在掌中以四指把拳
當右耳上當誦身呪頭指來去此印日別須
三時結此印誦姥陀羅尼七遍能滅五 逆四
重罪又於一切衆生生慈悲心即能燒 一切
罪根此身滅後即得值佛於彼佛土得作轉
輪聖王復得陀羅尼名曰无盡藏復 得 三
昧名智等復得身中廿八種相現身不患眼舌
耳鼻等痛乃至身中一切疾病悉能消滅若

BD00357-2　千眼千臂觀世音菩薩陀羅尼神呪經卷下

耳鼻等痛乃至身中一切疾病悉能消滅若
有先業罪者亦得消滅若天旱時取烏麻子
和稗麻子油捻作丸呪一百八遍擲著湫水
中即得雨下若雨過多取稻穀炒作花取蔓
菁油和作丸呪之一百八遍擲著湫水中雨即止
千眼千臂觀世音菩薩降伏三千大千世界魔怨印
第十五
以五指相叉左押右急把拳當頂上著誦大身
呪即得一切惡人而自降伏若作此法向舍利塔
前廿九日庭取白檀香作作末塗地作曼荼、
羅於中散種種花澡浴清淨著新淨衣手把
香爐燒沉水香面東方結跏趺坐想千手千
眼觀世音菩薩如在頂上誦大身呪一千八遍
此是冣初切德又取芥子烏麻著一處擣爲

千眼千臂觀世音菩薩廣大无畏印第十六

起立並足先以右手仰乘左肘膝頭左手亦如之

於常舍利像前誦身咒一千八遍即得无畏。

施於衆生又取迴香芥子昌薄捨多婆利外國華名以此等物内火中燒之火燒之時應於佛

前或在淨處誦咒卅三遍以香花供養咒法、

悉皆成就所為之者皆悉剋果若餘咒无驗

以此咒咒之亦皆成就若欲乞夢誦此咒并

作印印眼即有夢隨所欲見皆得見之若人

无福所向不諧者曰誦一百八遍咒滿七日諸

有所求一切皆得尒時觀世音菩薩在娑竭

羅龍宮大海會說法見諸龍衆受大苦惱愍

諸龍衆為度苦惱衆生悉得離苦无諸怨害

尒時龍女獻我一大如意寶珠價直娑婆世

BD00357-2　千眼千臂觀世音菩薩陀羅尼神咒經卷下

尒時龍女惠我一大如意寶珠價直娑婆世
界為求法故吾亦為彼廣說是姥陁羅尼法離
諸苦難尒時水精菩薩為欲利益護持此呪
而說呪曰
水精菩薩護持千眼印第十七
毗摩隸　摩訶毗摩隸　郁呵隸　摩訶郁　呵隸
休摩隸　摩訶休摩隸　薩訶隸　上隸悌　馺訶
若有善男子善女人在所遊方受持此千眼千
臂菩薩法者我當常隨衛護乃至諸魔眷屬
无惱乱者若人急難他國相侵盜賊逆乱當、
取五色縷結誦呪廿一遍一遍一結繫於左臂
又以右手无名指中指頭指把捧大母指押上
展小母指所賊方誦呪一百八遍悉皆退散不
能為害

益方便教化衆生以神通力尋至彼國現千
眼千臂大降魔身設成就姥陁羅尼印尒時
羅刹國王來至我所求哀頂礼我以成就印
印之即得成无上道
千眼千臂觀世音菩薩成就印第十八
起立並足合掌當心以小指相叉左押右誦身
咒廿一遍種種皆得成就若救六道苦難衆
生當用輪印以十指頭各相拄開腕掌中、
開其指間各相去一寸許即是菩薩在六
道循還度諸衆生種種苦難以此印輪迴遍
者衆生悉得離苦此印法梵吒那羅延長
年師繞翻使即歸國并將所翻之本智通畢
覓尋逐不得遇於一僧邊得梵本譯出在外
无本

BD00357-2　千眼千臂觀世音菩薩陀羅尼神咒經卷下

无本

千眼千臂觀世音菩薩成等正覺印第十九

結跏趺坐先以左手舒五指掌仰在右膝上

次以右手舒五指覆右手捺右膝上此印與滅

印法同過去未來現在諸佛皆同此印得佛

菩提此印能除一切業障若坐禪諸法不現

前者當七日七夜於阿練若處誦此陁羅尼

法并作此印法至心想佛如如在目前晝夜

六時懺悔即得諸佛法現前及得福无量

无邊不可稱計

千眼千臂觀世音菩薩呼召三十三天印第廿

先以左手四指把拳次以右手握左手大母指亦

如把拳令左手大母指在右手虎口中出頭、

以右手頭指來去呪曰

此陁羅尼印呪不可思議若善男子善女人臨
欲眠時當結此印及以此呪一呪即一印心上
滿一百八遍者心中所願於夢寐中悉得知、
見若能日日結印誦此呪者亦能滅一切罪
不失菩提心其人晝夜寐夢漸漸增廣皆得
吉祥乃至夢見如來在菩提樹下受記成道
得釋梵諸天常來侍衛
千眼千臂觀世音菩薩呼召天龍八部鬼神印第廿六
起立並足先以左手大母指屈在掌中四指把拳
當心上著次以右手亦如之以右手在右耳邊
以頭指來去呪曰
南无尼乾陁一　南无阿利闍波陁二　馺婆訶三
南无阿利闍羅馺婆呵四　摽醖袁醖五　馺婆訶
此呪印若善男子善女人受持讀誦者知七世宿

BD00357-2　千眼千臂觀世音菩薩陀羅尼神咒經卷下

阿[illegible]阿利[illegible][illegible][illegible][illegible] [illegible]醯醯醯 娑婆訶

此呪印若善男子善女人受持讀誦者知七世宿

命事毒虵不敢螫毒藥自然除刀不能害王

亦不生嗔永劫不受地獄苦若每日誦此呪、

時能令見廿八部鬼神來詣誦呪人邊坐聽

誦呪若善男子善女人爲鬼魅所著當以白

縷爲一遍一結如是滿卅九結繫其咽下其病

即除若國内疾疫流行國人死亡多者當取

國王園池中蓮花一百八莖一花各呪一遍擲、

置火中燒令蕩盡疾疫即除

千眼千臂觀世音菩薩解脱印第廿二

結跏趺坐先以左手中指與大母指頭相捻捻仰

結跏趺坐先以右手中指與大母指頭相捻仰

掌向上餘三指散展置於左膝上次以右手

亦如之覆手置於膝上誦身呪廿一遍 所額

盡以為塵一一微塵成於一切是人具造若干
等罪應隨地獄歷劫受苦永无出期是善男
子善女人能於舍利像前白月十五日一日一夜
不食於舍利像前結此印誦呪滿一千八遍如
上諸罪悉皆消滅若不滅者无有是處此呪印
智通本上先无智通於京卅逢一婆羅門僧
有此梵本遇會勘之更有此印自得受持大
有功効不可思議

千眼千臂觀世音菩薩自在神足印第廿三

起立先以左手攝左腳大母指如把攀次以右
手掘左手腕皆上誦大身呪七遍欲進千里
不以為難誦呪之時勿令聲出

千眼千臂觀世音菩薩神變自在印第廿四

先以左手大母指捻小指甲上次以右手亦如之

先以左手大母指捻小指甲上次以右手亦如之
餘三指各散竪合腕相著置於頂上誦身呪
不百八遍則同飛仙遊行自在昔罽賓國僧闍
提於北天竺求得此梵本未曾翻譯自得受
持威力自在不敢流傳智通於此僧弟婆伽
邊得本依法受持功効不少唯不流行於世
此本絕无後同學得者願同功力
請千臂觀世音王心印呪此印是第一根本啓
請印兩手合掌虛掌內合腕二頭指來去
唵嚕力希嚩路迦吉底毗社時賀耶薩婆鑠靚嚧二
鉢囉麼馱那　迦囉耶鉡泮莎訶

千眼千臂觀世音經

金剛般若心中真言　唵嗚踰泥嚩嚩賀
若有誦人持此呪一遍　如誦十二部尊經八万四千遍
亦如誦金剛經十万八千遍　亦如礼頭馬羅剎仙名八万四千
遍出藏経　　出毗盧庶那経新譯経有三卷共辛紙謙
佛說一切佛心陁羅尼陁羅尼功德
唵摩尼達哩吽泮吒
若有人暫開卷見此陁羅尼或書若在壁上眼暫覩
見或讀一遍四重五逆罪亦得消滅何況常誦持者
具足六波羅蜜与十地住地齊等皆若人暫觸持陁
羅尼人或与共語同坐同食者其人身上所有罪障悉得
消滅若能每日誦廿一遍者其人眼所見處山川谷中聚
落一切衆生乃至蟻子等永不墮三惡道所去處誦
七遍無有不歡喜若至神廟中高聲誦廿一遍令彼神
聞得捨神身身入如來境悟解真常持誦者後更不受
胎藏中生當蓮華化生乃至諸佛所得具足至中此

BD00357-2　千眼千臂觀世音菩薩陀羅尼神咒經卷下　BD00357-3　生净土陀羅尼等真言三道及念誦功德（擬）

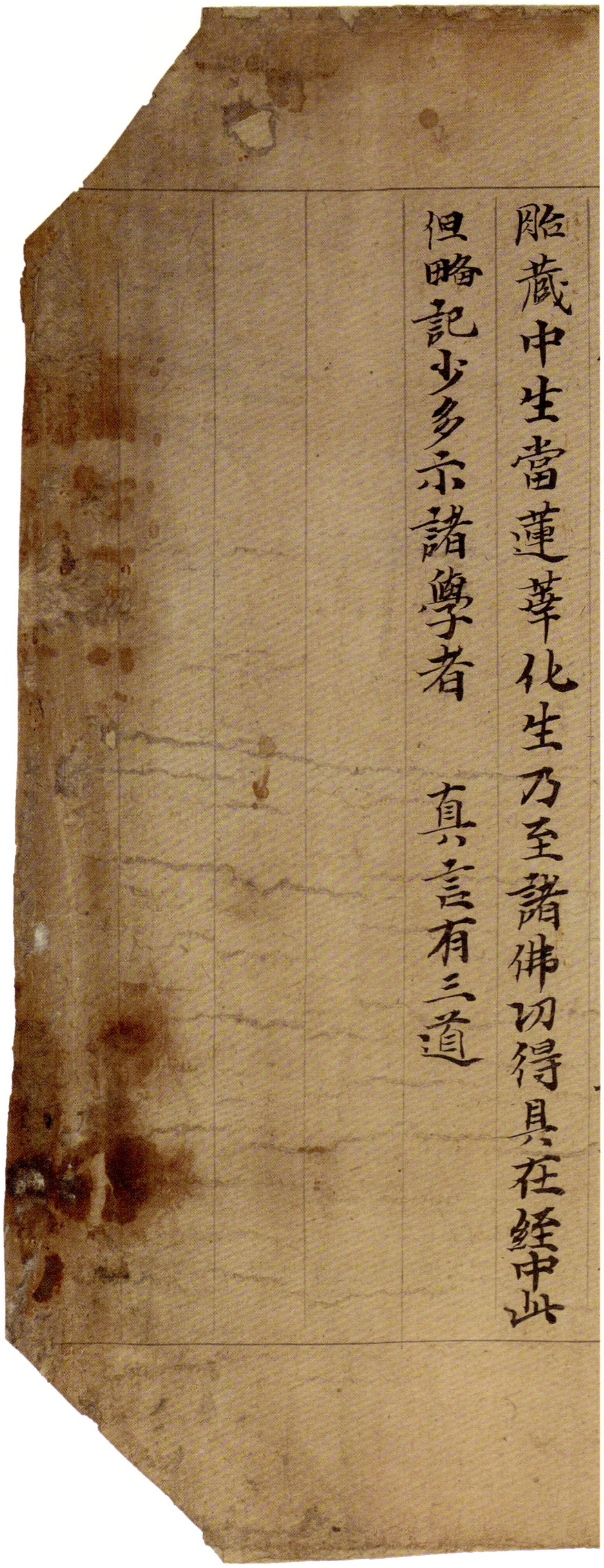

胎藏中生當蓮華化生乃至諸佛切得具在經中此
但略記少多示諸學者　真言有三道

BD00358　大般若波羅蜜多經卷二三二

（唐）玄奘　譯

89.6cm × 25.7cm

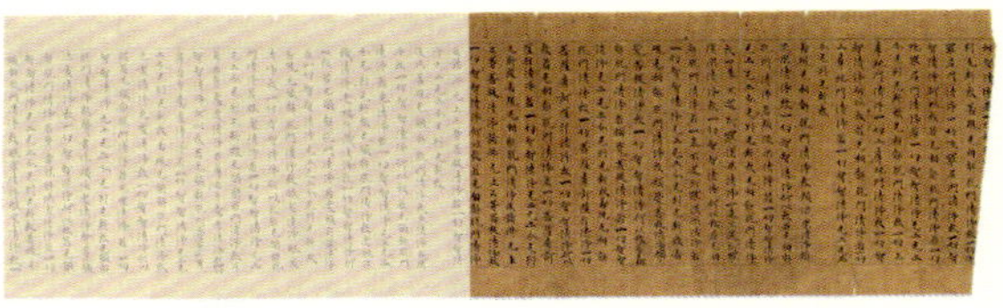

相智清淨若一切智
别无斷故善現无相解脱門清淨故一切陁
羅尼門清淨一切陁羅尼門清淨故一切智
智清淨何以故若无相解脱門清淨若一切
陁羅尼門清淨若一切智智清淨无二无二
分无别无斷故无相解脱門清淨故一切三
摩地門清淨一切三摩地門清淨故一切智
智清淨何以故若无相解脱門清淨若一切
三摩地門清淨若一切智智清淨无二无二
分无别无斷故
善現无相解脱門清淨故預流果清淨預
流果清淨故一切智智清淨何以故若无相解
脱門清淨若預流果清淨若一切智智清淨

漢果清淨故一切智智清淨何以故若无相
解脫門清淨若一來不還阿羅漢果清淨若
一切智智清淨无二无二分无別无斷故善
現无相解脫門清淨故獨覺菩提清淨獨
覺菩提清淨故一切智智清淨何以故若无相
解脫門清淨若獨覺菩提清淨若一切智智
清淨无二无二分无別无斷故善現无相解
脫門清淨故一切菩薩摩訶薩行清淨一切
菩薩摩訶薩行清淨故一切智智清淨何以
故若无相解脫門清淨若一切菩薩摩訶
薩行清淨若一切智智清淨无二无二分无別
无斷故善現无相解脫門清淨故諸佛无上
正等菩提清淨諸佛无上正等菩提清淨故
一切智智清淨何以故若无相解脫門清淨

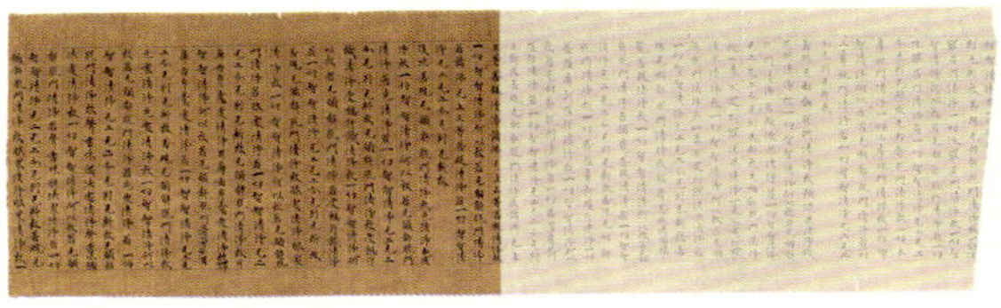

正等菩提清淨諸佛无上正等菩提清淨故
一切智智清淨何以故若无相解脫門清淨
若諸佛无上正等菩提清淨若一切智智清
淨无二无二分无別无斷故
復次善現无願解脫門清淨故色清淨色清
淨故一切智智清淨何以故若无願解脫門
清淨若色清淨若一切智智清淨无二无二
分无別无斷故无願解脫門清淨故受想行
識清淨受想行識清淨故一切智智清淨何
以故若无願解脫門清淨若受想行識清淨
若一切智智清淨无二无二分无別无斷故
善現无願解脫門清淨故眼處清淨眼處
清淨故一切智智清淨何以故若无願解脫
門清淨若眼處清淨若一切智智清淨无二

智智清淨何以故若无願解脫門清淨若耳
鼻舌身意處清淨若一切智智清淨无二无
二分无別无斷故善現无願解脫門清淨故
色處清淨色處清淨故一切智智清淨何以
故若无願解脫門清淨若色處清淨若一切
智智清淨无二无二分无別无斷故无願解
脫門清淨故聲香味觸法處清淨聲香味觸
法處清淨故一切智智清淨何以故若无願
解脫門清淨若聲香味觸法處清淨若一切
智智清淨无二无二分无別无斷故善現无
願解脫門清淨故眼界清淨眼界清淨故一

BD00359 妙法蓮華經卷六

（後秦）鳩摩羅什 譯

976.3cm × 26.5cm

洹道斯陁
漢道盡諸有漏於
解脫於汝意云何是
多不弥勒白佛言
无邊若是施主但施
量何況令得阿羅漢
語汝是人以一切樂具
世界六趣衆生又令得阿羅
不如是第五十人聞法華經一
百分千分百千万億分不及其一
譬喻所不能知阿逸多如是第五十
聞法華經隨喜功德尚无量无邊阿僧祇何
況冣初於會中聞而隨喜者其福復勝无量

德轉身所生得好上妙象馬車乘珎寶輦
輿及乘天宮若復有人於講法處坐更有人来
勸令坐聽若分座令坐是人功德轉身得帝
釋坐處若梵王坐處若轉輪聖王所坐之處
阿逸多若復有人語餘人言有經名法華可
共往聽即受其教乃至須臾間聞是人功德
轉身得與陀羅尼菩薩共生一處利根智慧
百千万世終不瘖瘂口氣不臭舌常无病口
亦无病齒不垢黑不黃不踈亦不缺落不差
不曲脣不下垂亦不褰縮不麁澁不瘡緊亦
不缺壞亦不喎邪不厚不大亦不黎黑无諸
可惡鼻不匾㔸亦不曲戾面色不黑亦不狹
長亦不窊曲无有一切不可喜相脣舌牙齒
悉皆嚴好鼻脩高直面貌圓滿眉高而長

悉皆嚴好鼻脩高直面貌圓滿眉高而長
額廣平正人相具足世世所生見佛聞法信
受教誨阿逸多汝且觀是勸於一人令往聽
法功德如此何況一心聽說讀誦而於大衆
為人分別如說脩行尒時世尊欲重宣此義
而說偈言
若人於法會　得聞是經典　乃至於一偈　隨喜為他說
如是展轉教　至于第五十　冣後人獲福　今當分別之
如有大施主　供給无量衆　具滿八十歲　隨意之所欲
見彼衰老相　髮白而面皺　齒踈形枯竭　念其死不久
我今應當教　令得於道果　即為方便說　涅槃真實法
世皆不牢固　如水沫泡炎　汝等咸應當　疾生猒離心
諸人聞是法　皆得阿羅漢　具足六神通　三明八解脫

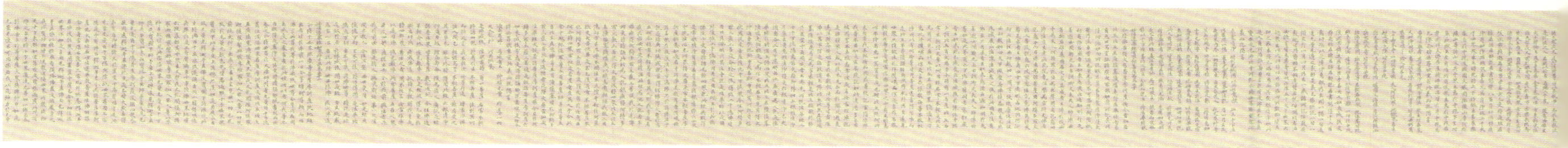

若有勸一人　將引聽法華　言此經深妙　千万劫難遇
即受教往聽　乃至須臾聞　斯人之福報　今當分別之
世世无口患　齒不踈黃黑　脣不厚褰缺　无有可惡相
舌不乾黑短　鼻高脩且直　額廣而平政　面目悉端嚴
為人所喜見　口氣无臭穢　優鉢華之香　常從其口出
若故詣僧坊　欲聽法華經　須臾聞歡喜　今當說其福
後生天人中　得好象馬車　珎寶之輦輿　及乘天宮殿
若於講法處　勸人坐聽法　是福因緣得　釋梵轉輪座
何況一心聽　解說其義趣　如說而脩行　其福不可限
妙法蓮華經法師功德品第十九
尒時佛告常精進菩薩摩訶薩若善男子善
女人受持是法華經若讀若誦若解說若書
寫是人當得八百眼功德千二百耳功德八
百鼻功德千二百舌功德八百身功德千二

女人受持是法華經若讀若誦若解說若書寫是人當得八百眼功德千二百耳功德八百鼻功德千二百舌功德八百身功德千二百意功德以是功德莊嚴六根皆令清淨是善男子善女人父母所生清淨肉眼見於三千大千世界內外所有山林河海下至阿鼻地獄上至有頂亦見其中一切眾生及業因緣果報生處悉見悉知尒時世尊欲重宣此義而說偈言

若於大眾中　以无所畏心　說是法華經　汝聽其功德
是人得八百　功德殊勝眼　以是莊嚴故　其目甚清淨
父母所生眼　悉見三千界　內外弥樓山　須弥及鐵圍
并諸餘山林　大海江河水　下至阿鼻獄　上至有頂處
其中諸眾生　一切皆悉見　雖未得天眼　肉眼力如是

是清淨耳聞三千大千世界下至阿鼻地獄
上至有頂其中內外種種語言音聲象聲馬
聲牛聲車聲啼哭聲愁歎聲螺聲鼓聲鍾聲
鈴聲笑聲語聲男聲女聲童子聲童女聲法
聲非法聲苦聲樂聲凡夫聲聖人聲喜聲不
喜聲天聲龍聲夜叉聲乾闥婆聲阿脩羅聲
迦樓羅聲緊那羅聲摩睺羅伽聲火聲水
聲風聲地獄聲畜生聲餓鬼聲比丘聲比丘尼
聲聲聞聲辟支佛聲菩薩聲佛聲以要言之三
千大千世界中一切內外所有諸聲雖未得
天耳以父母所生清淨常耳皆悉聞知如是
分別種種音聲而不壞耳根尒時世尊欲重宣
此義而說偈言
父母所生耳　清淨無濁穢　以此常耳聞　三千世界聲

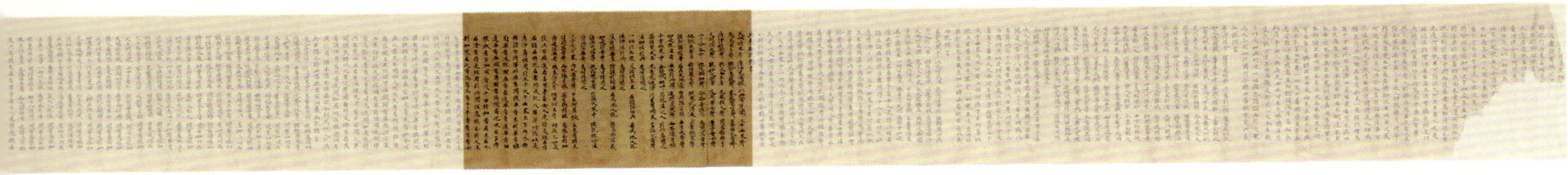

此義而說偈言

父母所生耳　清淨无濁穢　以此常耳聞　三千世界聲
象馬車牛聲　鍾鈴蠡鼓聲　琴瑟箜篌聲　簫笛之音聲
清淨好歌聲　聽之而不著　无數種人聲　聞悉能解了
又聞諸天聲　微妙之歌音　及聞男女聲　童子童女聲
山川嶮谷中　迦陵頻伽聲　命命等諸鳥　悉聞其音聲
地獄衆苦痛　種種楚毒聲　餓鬼飢渴逼　求索飲食聲
諸阿脩羅等　居在大海邊　自共語言時　出于大音聲
如是說法者　安住於此間　遥聞是衆聲　而不壞耳根
十方世界中　禽獸鳴相呼　其說法之人　於此悉聞之
其諸梵天上　光音及遍淨　乃至有頂天　言語之音聲
法師住於此　悉皆得聞之
一切比丘衆　及諸比丘尼　若讀誦經典　若爲他人說
法師住於此　悉皆得聞之

諸佛大聖尊　教化衆生者　於諸大衆中　演説微妙法
持此法華者　悉皆得聞之
三千大千界　内外諸音聲　下至阿鼻獄　上至有頂天
皆聞其音聲　而不壞耳根　其耳聰利故　悉能分別知
持是法華者　雖未得天耳　但用所生耳　功德已如是
復次常精進　若善男子善女人受持是經若讀
若誦若解説若書寫成就八百鼻功德　以是
清淨鼻根聞於三千大千世界上下内外種
種諸香　須曼那華香　闍提華香　末利華香　瞻
蔔華香　波羅羅華香　赤蓮華香　青蓮華香　白
蓮華香　華樹香　菓樹香　栴檀香　沉水香　多摩
羅跋香　多伽羅香　及千万種和香　若末若丸
若塗香　持是經者　於此間住　悉能分別　又復
別知衆生之香　象香　馬香　牛羊等香　男香　女

別知衆生之香象香馬香牛羊等香男香女
香童子香童女香及草木藂林香若近若遠
所有諸香悉皆得聞分別不錯持是經者雖
住於此亦聞天上諸天之香波利質多羅拘
鞞陀羅樹香及曼陀羅華香摩訶曼陀羅
華香曼殊沙華香摩訶曼殊沙華香栴檀沈
水種種末香諸雜華香如是等天香和合所
出之香无不聞知又聞諸天身香釋提桓因
在勝殿上五欲娛樂嬉戲時香若在妙法堂
上為忉利諸天說法時香若於諸園遊戲時
香及餘天等男女身香皆悉遥聞如是展轉
乃至梵世上至有頂諸天身香亦皆聞之并
聞諸天所燒之香及聲聞香辟支佛香菩薩

念不謬。尒時世尊欲重宣此義而説偈言：
是人鼻清淨　於此世界中　若香若臭物　種種悉聞知
須曼那闍提　多摩羅栴檀　沉水及桂香　種種華菓香
及知衆生香　男子女人香　説法者遠住　聞香知所在
大勢轉輪王　小轉輪及子　群臣諸宮人　聞香知所在
身所著珎寶　及地中寶藏　轉輪王寶女　聞香知所在
諸人嚴身具　衣服及瓔珞　種種所塗香　聞則知其身
諸天若行坐　遊戲及神變　持是法華者　聞香悉能知
諸樹華菓實　及蘇油香氣　持經者住此　悉知其所在
諸山深嶮處　栴檀樹華敷　衆生在中者　聞香皆能知
鐵圍山大海　地中諸衆生　持經者聞香　悉知其所在
阿脩羅男女　及其諸眷屬　鬪諍遊戲時　聞香皆能知
曠野嶮隘處　師子象虎狼　野牛水牛等　聞香知所在
若有懷任者　未辯其男女　无根及非人　聞香悉能知

曠野險隘處　師子象虎狼　野牛水牛等　聞香知所在
若有懷任者　未辯其男女　无根及非人　聞香悉能知
以聞香力故　知其初懷任　成就不成就　安樂產福子
以聞香力故　知男女所念　染欲癡恚心　亦知脩善者
地中衆伏藏　金銀諸珎寶　銅器之所盛　聞香悉能知
種種諸瓔珞　无能識其價　聞香知貴賤　出處及所在
天上諸華等　曼陁曼殊沙　波利質多樹　聞香悉能知
天上諸宮殿　上中下差別　衆寶華莊嚴　聞香悉能知
天園林勝殿　諸觀妙法堂　在中而娛樂　聞香悉能知
諸天若聽法　或受五欲時　來往行坐卧　聞香悉能知
天女所著衣　好華香莊嚴　周旋遊戲時　聞香悉能知
如是展轉上　乃至於梵世　入禪出禪者　聞香悉能知
光音遍淨天　乃至于有頂　初生及退沒　聞香悉能知
諸比丘衆等　於法常精進　若坐若經行　及讀誦經者

在在方世尊　一切所恭敬　愍衆而說法　聞香悉能知
衆生在佛前　聞經皆歡喜　如法而脩行　聞香悉能知
雖未得菩薩　无漏法生鼻　而是持經者　先得此鼻相
復次常精進若善男子善女人受持是經若
讀若誦若解說若書寫得千二百舌功德若
好若醜若美不美及諸苦澀物在其舌根皆
變成上味如天甘露无不美者若以舌根於大
衆中有所演說出深妙聲能入其心皆令歡
喜快樂又諸天子天女釋梵諸天聞是深妙
音聲有所演說言論次第皆悉來聽及諸龍
龍女夜叉夜叉女揵闥婆揵闥婆女阿脩
羅阿脩羅女迦樓羅迦樓羅女緊那羅緊那
羅女摩睺羅伽摩睺羅伽女為聽法故皆來
親近恭敬供養及比丘比丘尼優婆塞優婆

羅女摩睺羅伽摩睺羅伽女為聽法故皆來
親近恭敬供養及比丘比丘尼優婆塞優婆
夷國王王子羣臣眷屬小轉輪王大轉輪王七
寶千子內外眷屬乘其宮殿俱來聽法以是
菩薩善說法故婆羅門居士國內人民盡其
形壽隨侍供養又諸聲聞辟支佛菩薩諸佛
常樂見之是人所在方面諸佛皆向其處說
法悉能受持一切佛法又能出於深妙法音
爾時世尊欲重宣此義而說偈言
是人舌根淨　終不受惡味　其有所食噉　悉皆成甘露
以深淨妙聲　於大衆說法　以諸因緣喻　引導衆生心
聞者皆歡喜　設諸上供養
諸天龍夜叉　及阿修羅等　皆以恭敬心　而共來聽法
是說法之人　若欲以妙音　遍滿三千界　隨意即能至

梵天王魔王自在大自在　如是諸天衆　常來至其所
諸佛及弟子　聞其說法音　常念而守護　或時為現身
復次常精進　若善男子善女人受持是經若
讀若誦若解說若書寫得八百身功德得清
淨身如淨瑠璃衆生憙見其身淨故三千大
千世界衆生生時死時上下好醜生善處惡
處悉於中現及鐵圍大鐵圍彌樓山摩訶彌
樓山等諸山及其中衆生悉於中現下至阿
鼻地獄上至有頂所有及衆生悉於中現若
聲聞辟支佛菩薩諸佛說法皆於身中現其
色像尒時世尊欲重宣此義而說偈言
若持法華者　其身甚清淨　如彼淨瑠璃　衆生皆憙見
又如淨明鏡　悉見諸色像　菩薩於淨身　皆見世所有
唯獨自明了　餘人所不見

又如淨明鏡　悉見諸色像　菩薩於淨身　皆見世所有
唯獨自明了　餘人所不見
三千世界中　一切諸羣萌　天人阿脩羅　地獄鬼畜生
如是諸色像　皆於身中現
諸天等宮殿　乃至於有頂　鐵圍及弥樓　摩訶弥樓山
諸大海水等　皆於身中現
諸佛及聲聞　佛子菩薩等　若獨若在衆　說法悉皆現
雖未得无漏　法性之妙身　以清淨常體　一切於中現
復次常精進　若善男子善女人　如來滅後受
持是經　若讀若誦若解說若書寫　得千二百
意功德　以是清淨意根　乃至聞一偈一句　通
達无量无邊之義　解是義已　能演說一句一
偈至於一月四月乃至一歲　諸所說法　隨其
義趣　皆與實相不相違背　若說俗間經書治

知之雖未得无漏智慧而其意根清淨如此
是人有所思惟籌量言說皆是佛法无不真
實亦是先佛經中所說尒時世尊欲重宣此
義而說偈言
是人意清淨　明利无穢濁　以此妙意根　知上中下法
乃至聞一偈　通達无量義　次第如法說　月四月至歲
是世界內外　一切諸衆生　若天龍及人　夜叉鬼神等
其在六趣中　所念若干種　持法華之報　一時皆悉知
十方无數佛　百福莊嚴相　為衆生說法　悉聞能受持
思惟无量義　說法亦无量　終始不忘錯　以持法華故
悉知諸法相　隨義識次第　達名字語言　如所知演說
此人有所說　皆是先佛法　以演此法故　於衆无所畏
持法華經者　意根淨若斯　雖未得无漏　先有如是相

此人有所說 皆是先佛法 以演此法故 於衆无所畏
持法華經者 意根淨若斯 雖未得无漏 先有如是相
是人持此經 安住希有地 為一切衆生 歡喜而愛敬
能以千万種 善巧之語言 分別而說法 持法華經故

妙法蓮華經常不輕菩薩品第二十

尒時佛告得大勢菩薩摩訶薩 汝今當知 若比丘比丘尼優婆塞優婆夷持法華經者 若有惡口罵詈誹謗 獲大罪報 如前所說 其所得功德 如向所說 眼耳鼻舌身意清淨 得大勢 乃往古昔 過无量无邊不可思議阿僧祇劫 有佛名威音王如來 應供 正遍知 明行足 善逝 世間解 无上士 調御丈夫 天人師 佛 世尊 劫名離衰 國名大成 其威音王佛於彼世中為天人阿脩羅說法 為求聲聞者說應四

藐三菩提說應六波羅蜜法究竟佛慧得大
勢是威音王佛壽四十万億那由他恒河沙
劫正法住世劫數如一閻浮提微塵像法住
世劫數如四天下微塵其佛饒益衆生已然
後滅度正法像法滅盡之後於此國土復有
佛出亦号威音王如来應供正遍知明行足
善逝世間解无上士調御丈夫天人師佛世
尊如是次第有二万億佛皆同号冣初威
音王如来既已滅度正法滅後於像法中增
上慢比丘有大勢力尒時有一菩薩比丘名
常不輕得大勢以何因緣名常不輕是比丘
凡有所見若比丘比丘尼優婆塞優婆夷皆
悉礼拜讚嘆而作是言我深敬汝等不敢輕
慢所以者何汝等皆行菩薩道當得作佛而

慢所以者何汝等皆行菩薩道當得作佛而
是比丘不專讀誦經典但行礼拜乃至遠見
四衆亦復故往礼拜讚嘆而作是言我不敢
輕於汝等汝等皆當作佛四衆之中有生瞋恚
心不淨者惡口罵詈言是无智比丘從何所
来自言我不輕汝而與我等授記當得作佛
我等不用如是虚妄授記如此經歷多年常
被罵詈不生瞋恚常作是言汝當作佛說
是語時衆人或以杖木瓦石而打擲之避走
遠住猶高聲唱言我不敢輕汝汝等皆當作
佛以其常作是語故增上慢比丘比丘尼優婆
塞優婆夷号之為常不輕是比丘臨欲終時
於虚空中具聞威音王佛先所說法華經二

增壽命二百万億那由他歲廣為人說是法
華經於時增上慢四衆比丘比丘尼優婆塞
優婆夷輕賤是人為作不輕名者見其得大
神通力樂說辯力大善寂力聞其所說皆信
伏隨從是菩薩復化千万億衆令住阿耨多
羅三藐三菩提命終之後得值二千億佛皆
号日月燈明於其法中說是法華經以是因
緣復值二千億佛同号雲自在燈王於此諸
佛法中受持讀誦為諸四衆說此經典故得
是常眼清淨耳鼻舌身意諸根清淨於四衆
中說法心无所畏得大勢是常不輕菩薩摩
訶薩供養如是若干諸佛恭敬尊重讚嘆種
諸善根於後復值千万億佛亦於諸佛法中
說是經典功德成就當得作佛得大勢於意

諸善根於後復值千万億佛亦於諸佛法中
說是經典功德成就當得作佛得大勢於意
云何尒時常不輕菩薩豈異人則我身是若
我於宿世不受持讀誦此經為他人說者不
能疾得阿耨多羅三藐三菩提我於先佛
所受持讀誦此經為人說故疾得阿耨多
羅三藐三菩提得大勢彼時四衆比丘比丘
尼優婆塞優婆夷以瞋恚意輕賤我故二百
億劫常不值佛不聞法不見僧千劫於阿鼻
獄受大苦惱畢是罪已復遇常不輕菩薩教
化阿耨多羅三藐三菩提得大勢於汝意云
何尒時四衆常輕是菩薩者豈異人乎今此
會中跋陁婆羅等五百菩薩師子月等五
百比丘尼思佛等五百優婆塞皆於阿耨多

耨多羅三藐三菩提是故諸菩薩摩訶薩於
如来滅後常應受持讀誦解說書寫是經尒
時世尊欲重宣此義而說偈言
過去有佛　号威音王　神智无量　將導一切
天人龍神　所共供養
是佛滅後　法欲盡時　有一菩薩　名常不輕
時諸四衆　計着於法　不輕菩薩　往到其所
而語之言　我不輕汝　汝等行道　皆當作佛
諸人聞已　輕毀罵詈　不輕菩薩　能忍受之
其罪畢已　臨命終時　得聞此經　六根清淨
神通力故　增益壽命　復為諸人　廣說是經
諸著法衆　皆蒙菩薩　教化成就　令住佛道
不輕命終　值无數佛　說是經故　得无量福
漸具功德　疾成佛道　彼時不輕　則我身是

漸具功德　疾成佛道　彼時不輕　則我身是
時四部衆　著法之者　聞不輕言　汝當作佛
以是因緣　值无數佛　此會菩薩　五百之衆
并及四部　清信士女　今於我前　聽法者是
我於前世　勸是諸人　聽受斯經　第一之法
開示教人　令住涅槃　世世受持　如是經典
億億万劫　至不可議　時乃得聞　是法華經
億億万劫　至不可議　諸佛世尊　時說是經
是故行者　於佛滅後　聞如是經　勿生疑惑
應當一心　廣說此經　世世值佛　疾成佛道

妙法蓮華經如來神力品第二十一

尒時千世界微塵等菩薩摩訶薩從地踊
出者皆於佛前一心合掌瞻仰尊顏而白

自欲得是真淨大法受持讀誦解說書寫而供
養之尒時世尊於文殊師利等无量百千万億
舊住娑婆世界菩薩摩訶薩及諸比丘比丘
尼優婆塞優婆夷天龍夜叉乾闥婆阿脩羅
迦樓羅緊那羅摩睺羅伽人非人等一切衆
前現大神力出廣長舌上至梵世一切毛孔
放於无量无數色光皆悉遍照十方世界衆
寶樹下師子座上諸佛亦復如是出廣長舌
放无量光釋迦牟尼佛及寶樹下諸佛現神
力時滿百千歲然後還攝舌相一時謦咳俱
共彈指是二音聲遍至十方諸佛世界地皆
六種震動其中衆生天龍夜叉乾闥婆阿脩
羅迦樓羅緊那羅摩睺羅伽人非人等以佛
神力故皆見此娑婆世界无量无邊百千万

羅迦樓羅緊那羅摩睺羅伽人非人等以佛
神力故皆見此娑婆世界无量无邊百千万
億衆寶樹下師子座上諸佛及見釋迦牟尼
佛共多寶如来在寶塔中坐師子座又見无
量无邊百千万億菩薩摩訶薩及諸四衆恭
敬圍遶釋迦牟尼佛既見是已皆大歡喜得
未曾有即時諸天於虛空中高聲唱言過此
无量无邊百千万億阿僧祇世界有國名娑
婆是中有佛名釋迦牟尼今為諸菩薩摩訶
薩説大乘經名妙法蓮華教菩薩法佛所護
念汝等當深心隨喜亦當礼拜供養釋迦牟
尼佛彼諸衆生聞虛空中聲已合掌向娑婆
世界作如是言南无釋迦牟尼佛南无釋迦
牟尼佛以種種華香瓔珞幡蓋及諸嚴身之

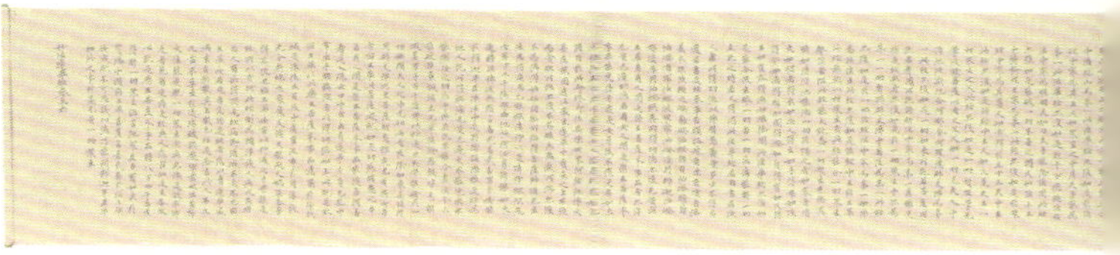

佛之上于時十方世界通達无㝵如一佛土尒
時佛告上行等菩薩大衆諸佛神力如是
无量无邊不可思議若我以是神力於无量
无邊百千万億阿僧祇劫為囑累故說此
經功德猶不能盡以要言之如来一切所有
之法如来一切自在神力如来一切秘密之
藏如来一切甚深之事皆於此經宣示顯說
是故汝等於如来滅後應一心受持讀誦解
說書寫如說脩行所在國土若有受持讀誦
解說書寫如說脩行若經卷所住之處若於
園中若於林中若於樹下若於僧坊若白衣
舍若在殿堂若山谷曠野是中皆應起塔供
養所以者何當知是處即是道場諸佛於
此得阿耨多羅三藐三菩提諸佛於此轉

BD00359　妙法蓮華經卷六

此得阿耨多羅三藐三菩提諸佛於此轉
于法輪諸佛於此而般涅槃尒時世尊欲
重宣此義而說偈言
諸佛救世者　住於大神通　為悅衆生故　現无量神力
舌相至梵天　身放无數光　為求佛道者　現此希有事
諸佛謦欬聲　及彈指之聲　周聞十方國　地皆六種動
以佛滅度後　能持是經故　諸佛皆歡喜　現无量神力
囑累是經故　讚美受持者　於无量劫中　猶故不能盡
是人之功德　无邊无有窮　如十方虛空　不可得邊際
能持是經者　則為已見我　亦見多寶佛　及諸分身者
又見我今日　教化諸菩薩
能持是經者　令我及分身　滅度多寶佛　一切皆歡喜
十方現在佛　并過去未來　亦見亦供養　亦令得歡喜
諸佛坐道場　所得秘要法　能持是經者　不久亦當得

因緣及次第　隨義如實說　如日月光明　能除諸幽冥
斯人行世間　能滅衆生闇　教无量菩薩　畢竟住一乘
是故有智者　聞此功德利　於我滅度後　應受持斯經
是人於佛道　決定无有疑

妙法蓮華經囑累品第廿二

尒時釋迦牟尼佛從法座起現大神力以右
手摩无量菩薩摩訶薩頂而作是言我於无
量百千万億阿僧祇劫脩集是難得阿耨多
羅三藐三菩提法今以付囑汝等汝等應當
一心流布此法廣令增益如是三摩諸菩薩
摩訶薩頂而作是言我於无量百千万億阿
僧祇劫脩集是難得阿耨多羅三藐三菩提
法今以付囑汝等汝等當受持讀誦廣宣此
法令一切衆生普得聞知所以者何如來有

法今以付嘱汝等汝等當受持讀誦廣宣此
法令一切衆生普得聞知所以者何如来有
大慈悲无諸慳悋亦无所畏能與衆生佛之
智慧如来智慧自然智慧如来是一切衆生
之大施主汝等亦應随學如来之法勿生慳
悋於未来世若有善男子善女人信如来
智慧者當為演說此法華經使得聞知為令
其人得佛慧故若有衆生不信受者當於如
来餘深法中示教利喜汝等若能如是則為已
報諸佛之恩時諸菩薩摩訶薩聞佛作是
說已皆大歡喜遍滿其身益加恭敬曲躬低
頭合掌向佛俱發聲言如世尊勅當具奉行
唯然世尊願不有慮諸菩薩摩訶薩衆如是
三反俱發聲言如世尊勅當具奉行唯然世

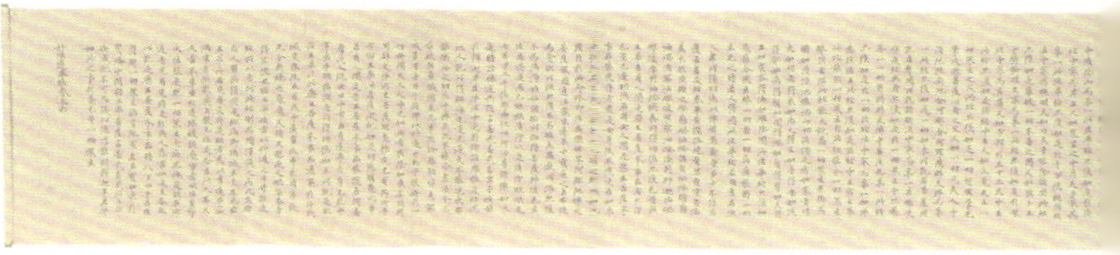

多寶佛塔還可如故說是語時十方无量分
身諸佛坐寶樹下師子座上者及多寶佛并
上行等无邊阿僧祇菩薩大衆舍利弗等聲
聞四衆及一切世間天人阿脩羅等聞佛所
說皆大歡喜

妙法蓮華經藥王菩薩本事品第二十三

尒時宿王華菩薩白佛言世尊藥王菩薩云
何遊於娑婆世界世尊是藥王菩薩有若干
百千万億那由他難行苦行善哉世尊願少
解說諸天龍神夜叉乾闥婆阿脩羅迦樓羅
緊那羅摩睺羅伽人非人等又他國土諸來
菩薩及此聲聞衆聞皆歡喜尒時佛告宿王
華菩薩乃往過去无量恒河沙劫有佛号曰
日月淨明德如來應供正遍知明行足善逝世

BD00359　妙法蓮華經卷六

華菩薩乃往過去无量恒河沙劫有佛号曰
月淨明德如來應供正遍知明行足善逝世
間解无上士調御丈夫天人師佛世尊其佛
有八十億大菩薩摩訶薩七十二恒河沙大
聲聞衆佛壽四万二千劫菩薩壽命亦等
彼國无有女人地獄餓鬼畜生阿脩羅等及
以諸難地平如掌瑠璃所成寶樹莊嚴寶帳
覆上垂寶華幡寶瓶香鑪周遍國界七寶爲
臺一樹一臺其樹去臺盡一箭道此諸寶樹
皆有菩薩聲聞而坐其下諸寶臺上各有百
億諸天作天伎樂歌嘆於佛以爲供養尒時彼
佛爲一切衆生喜見菩薩及衆菩薩諸聲聞
衆說法華經是一切衆生喜見菩薩樂集苦
行於日月淨明德佛法中精進經行一心不

身三昧皆是得聞法華經力我今當供養日
月淨明德佛及法華經即時入是三昧於虛
空中雨曼陀羅華摩訶曼陀羅華細末
堅黑栴檀滿虛空中如雲而下又雨此岸栴
檀之香此香六銖價直娑婆世界以供養佛作
是供養已從三昧起而自念言我雖以神力
供養於佛不如以身供養即服諸香栴檀薰
陸兜樓婆畢力迦沈水膠香又飲瞻蔔諸
華香油滿千二百歲已香油塗身於日月淨
明德佛前以天寶衣而自纏身灌諸香油以
神通力願而自燃身光明遍照八十億恒河沙
世界其中諸佛同時讚言善哉善哉善男子
是真精進是名真法供養如來若以華香瓔
珞燒香末香塗香天繒幡蓋及海此岸栴檀

是真精進是名真法供養如來若以華香瓔
珞燒香末香塗香天繒幡蓋及海此岸栴檀
之香如是等種種諸物供養所不能及假使
國城妻子布施亦所不及善男子是名第一
之施於諸施中最尊最上以法供養諸如來
故作是語已而各嘿然其身火燃千二百歲
過是已後其身乃盡一切眾生喜見菩薩作
如是法供養已命終之後復生日月淨明德
佛國中於淨德王家結加趺坐忽然化生即
為其父而說偈言
大王今當知　我經行彼處　即時得一切　現諸身三昧
勤行大精進　捨所愛之身
說是偈已而白父言日月淨明德佛今故現
在我先供養佛已得解一切眾生語言陀羅

此佛曰已即坐七寶之臺上昇虛空高七多
羅樹往到佛所頭面礼足合十指爪以偈讚
佛
容顏甚奇妙　光明照十方　我適曾供養　今復還親覲
尒時一切衆生憙見菩薩說是偈已而白佛
言世尊世尊猶故在世尒時日月淨明德佛
告一切衆生憙見菩薩善男子我涅槃時到
滅盡時至汝可安施床座我於今夜當般涅
槃又勅一切衆生憙見菩薩善男子我以佛
法囑累於汝及諸菩薩大弟子并阿耨多羅
三藐三菩提法亦以三千大千七寶世界諸
寶樹寶臺及給侍諸天悉付於汝我滅度後
所有舍利亦付囑汝當令流布廣設供養應
起若干千塔如是日月淨明德佛勅一切衆

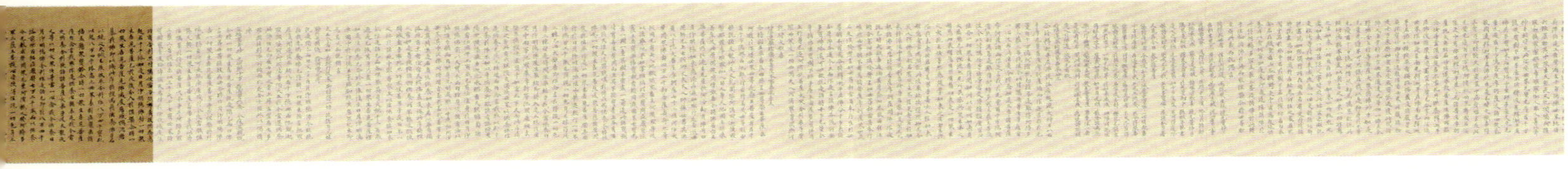

所有舍利亦付囑汝當令流布廣設供養應
起若干千塔如是日月淨明德佛勑一切眾
生喜見菩薩已於夜後分入於涅槃尒時一
切眾生喜見菩薩見佛滅度悲感懊惱戀
慕於佛即以海此岸栴檀為積供養佛身而
以燒之火滅已後收取舍利作八万四千寶瓶
以起八万四千塔高三世界表刹莊嚴垂諸
幡蓋懸眾寶鈴尒時一切眾生喜見菩薩
復自念言我雖作是供養心猶未足我今當
更供養舍利便語諸菩薩大弟子及天龍夜
叉等一切大眾汝等當一心念我今供養日
月淨明德佛舍利作是語已即於八万四千
塔前燃百福莊嚴臂七万二千歲而以供養
令无數求聲聞眾无量阿僧祇人發阿耨多

无辟憂惱悲哀而作是言此一切衆生喜見
菩薩是我等師教化我者而今燒辟身不具
足于時一切衆生喜見菩薩於大衆中立此
誓言我捨兩辟必當得佛金色之身若實不
虛令我兩辟還復如故作是誓已自然還復
由斯菩薩福德智慧淳厚所致當尒之時三
千大千世界六種震動天雨寶華一切天人
得未曾有佛告宿王華菩薩於汝意云何一
切衆生喜見菩薩豈異人乎今藥王菩薩是
也其所捨身布施如是无量百千万億那由
他數宿王華若有發心欲得阿耨多羅三藐
三菩提者能燃手指乃至足一指供養佛塔
勝以國城妻子及三千大千國土山林河池諸
珎寶物而供養者若復有人以七寶滿三千

BD00359　妙法蓮華經卷六

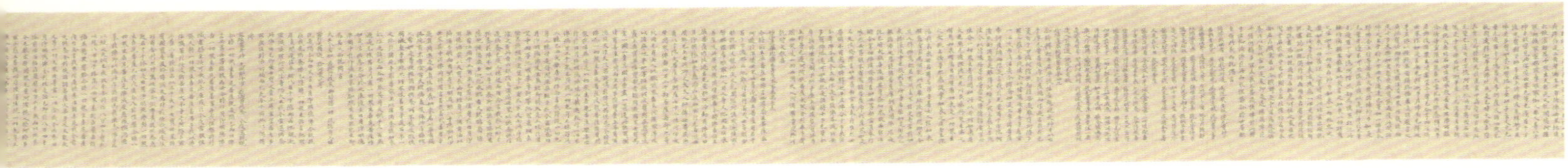

勝以國城妻子及三千大千國土山林河池諸
珎寶物而供養者若復有人以七寶滿三千
大千世界供養於佛及大菩薩辟支佛阿羅
漢是人所得功德不如受持此法華經乃至
一四句偈其福冣多宿王華辟如一切川流
江河諸水之中海為第一此法華經亦復如
是於諸如來所說經中冣為深大又如土山
黑山小鐵圍山大鐵圍山及十寶山衆山之
中須弥山為第一此法華經亦復如是於諸
經中冣為其上又如衆星之中月天子冣為
第一此法華經亦復如是於千万億種諸經
法中冣為照明又如日天子能除諸闇此經
亦復如是能破一切不善之闇又如諸小王
中轉輪聖王冣為第一此經亦復如是於衆

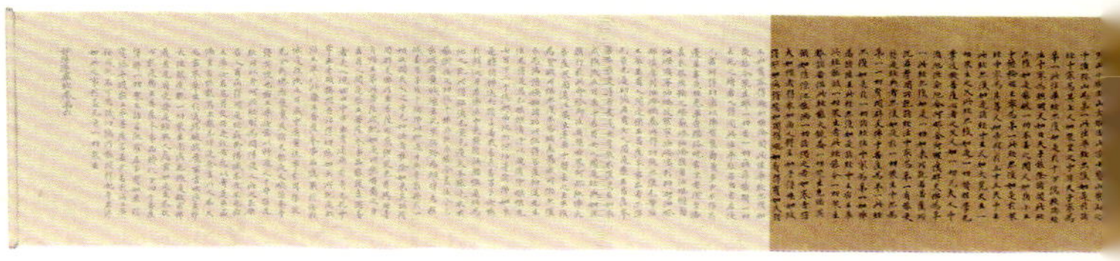

切眾生之父此經亦復如是一切賢聖學无
學及發菩薩心者之父又如一切凡夫人中
須陁洹斯陁含阿那含阿羅漢辟支佛為第
一此經亦復如是一切如來所說若菩薩所
說若聲聞所說諸經法中最為第一有能受
持是經典者亦復如是於一切眾生中亦為
第一一切聲聞辟支佛中菩薩為第一此經
亦復如是於一切諸經法中最為第一如佛
為諸法王此經亦復如是諸經中王宿王華
此經能救一切眾生者此經能令一切眾生
離諸苦惱此經能大饒益一切眾生充滿其
願如清涼池能滿一切諸渴之者如寒者得
火如裸者得衣如商人得主如子得母如渡
得船如病得醫如闇得燈如貧得寶如民得

火如裸者得衣如商人得主如子得母如渡
得船如病得醫如闇得燈如貧得寶如民得
王如賈客得海如炬除闇此法華經亦復如
是能令衆生離一切苦一切病痛能解一切
生死之縛若人得聞此法華經若自書若使
人書所得功德以佛智慧籌量多少不得其
邊若書是經卷華香瓔珞燒香末香塗香幡
蓋衣服種種之燈蘇燈油燈諸香油燈瞻蔔
油燈須曼那油燈波羅羅油燈婆利師迦油燈
那婆摩利油燈供養所得功德亦復无量宿
王華若有人聞是藥王菩薩本事品者亦得
无量无邊功德若有女人聞是藥王菩薩本
事品能受持者盡是女身後不復受若如來
滅後後五百歲中若有女人聞是經典如說

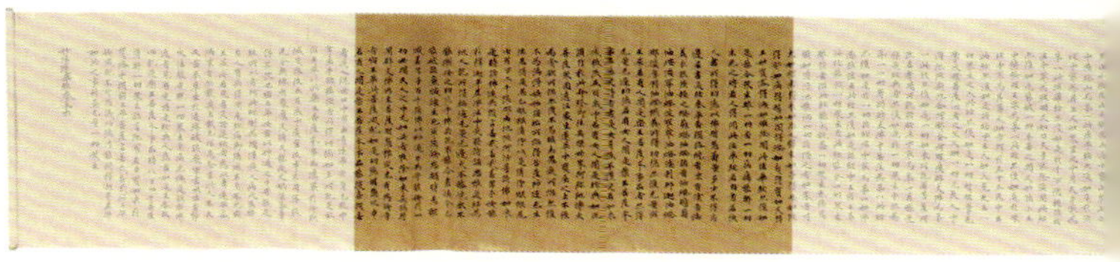

為貪欲所惱亦復不為瞋恚愚癡所惱亦復
不為憍慢嫉妬諸垢所惱得菩薩神通无生
法忍得是忍已眼根清淨以是清淨眼根見
七百万二千億那由他恒河沙等諸佛如来
是時諸佛遥共讚言善哉善哉善男子汝能
於釋迦牟尼佛法中受持讀誦思惟是經為
他人說所得福德无量无邊火不能燒水不
能漂汝之功德千佛共說不能令盡汝今已
能破諸魔賊壞生死軍諸餘怨敵皆悉摧
滅善男子百千諸佛以神通力共守護汝於一
切世間天人之中无如汝者唯除如来其諸聲
聞辟支佛乃至菩薩智慧禪定无有與汝等
者宿王華此菩薩成就如是功德智慧之力
若有人聞是藥王菩薩本事品能隨喜讚善

BD00359　妙法蓮華經卷六

者宿王華此菩薩成就如是功德智慧之力
若有人聞是藥王菩薩本事品能隨喜讚善
者是人現世口中常出青蓮華香身毛孔中
常出牛頭栴檀香所得功德如上所說是故
宿王華以此藥王菩薩本事品囑累於汝我
滅度後後五百歲中廣宣流布於閻浮提
无令斷絕惡魔魔民諸天龍夜叉鳩槃荼等
得其便也宿王華汝當以神通之力守護是
經所以者何此經則為閻浮提人病之良藥
若人有病得聞是經病即消滅不老不死宿
王華汝若見有受持是經者應以青蓮華盛
滿末香供散其上散已作是念言此人不久
必當取草坐於道場破諸魔軍當吹法螺擊
大法鼓度脫一切衆生老病死海是故求佛

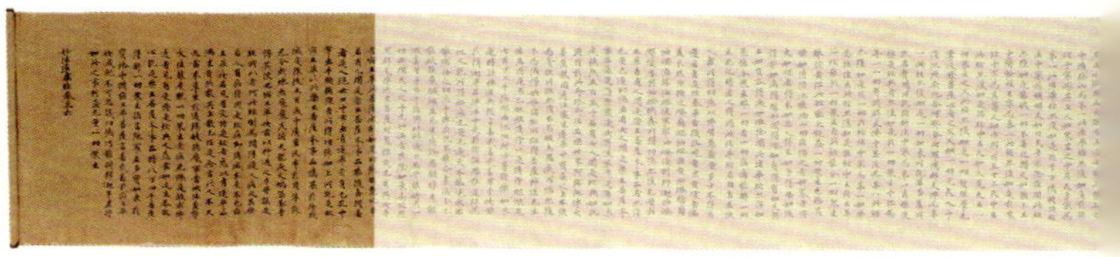

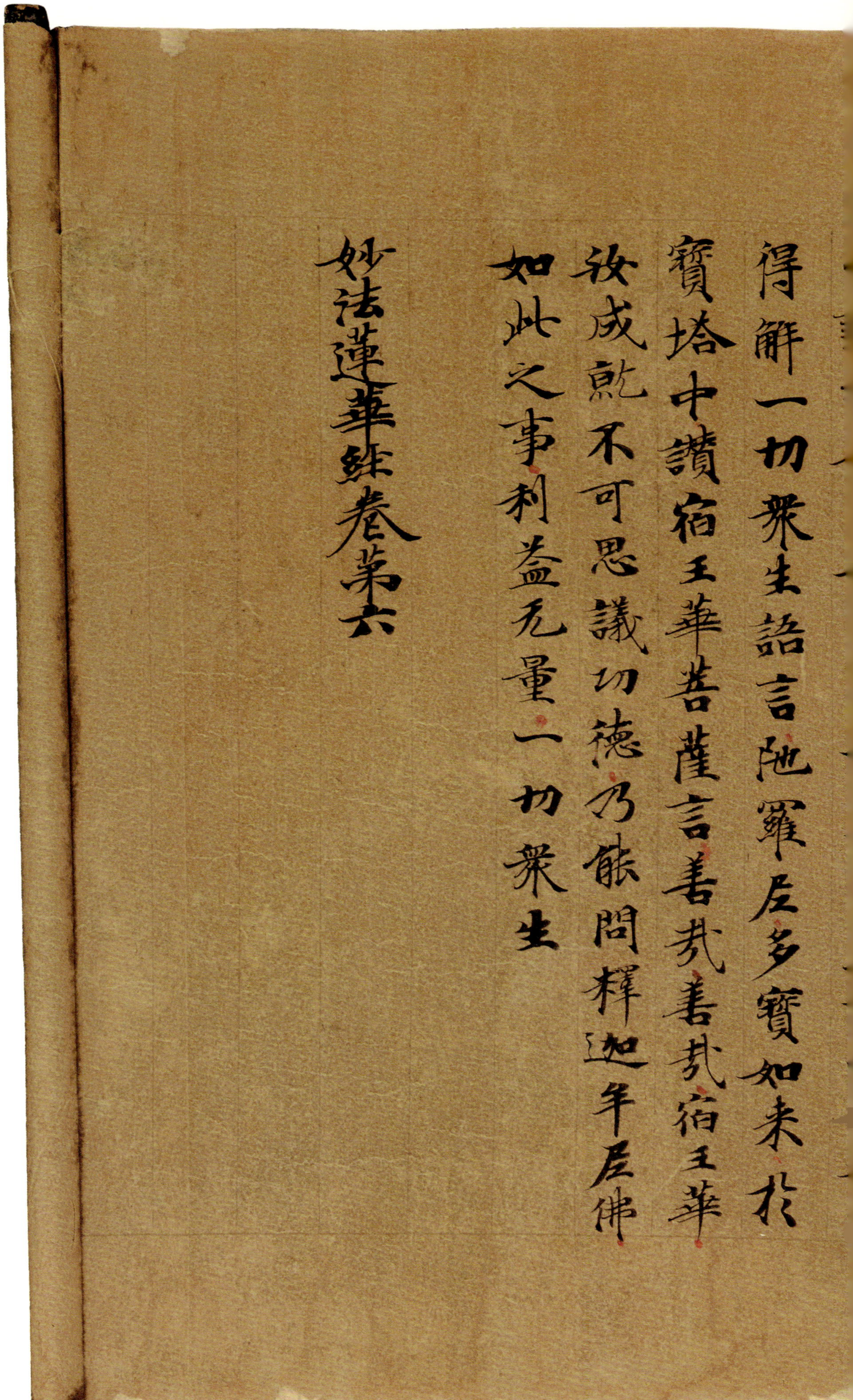

得解一切衆生語言陁羅尼多寶如來於
寶塔中讃宿王華菩薩言善哉善哉宿王華
汝成就不可思議功德乃能問釋迦牟尼佛
如此之事利益无量一切衆生

妙法蓮華經卷第六

BD00359　妙法蓮華經卷六

BD00360 妙法蓮華經卷六

（後秦）鳩摩羅什 譯

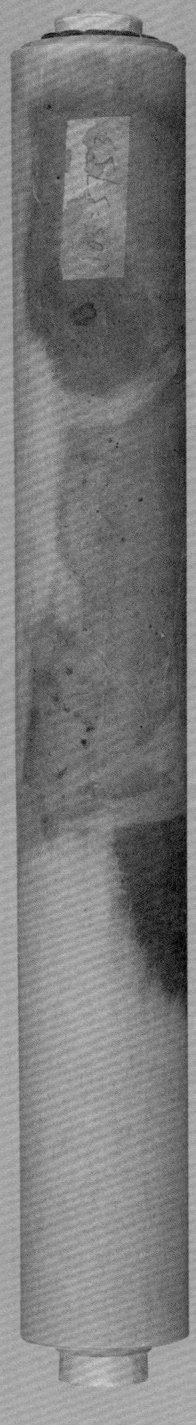

342cm × 26cm

如是展轉　五十　最後人獲福
如有大施主　供給無量眾　具滿八十歲　隨
見彼衰老相　髮白而面皺　齒疏形枯竭　念其
我今應當教　令得於道果　即為方便說　涅槃真實
世皆不牢固　如水沫泡焰　汝等咸應當　疾生厭離心
諸人聞是法　皆得阿羅漢　具足六神通　三明八解脫
最後第五十　聞一偈隨喜　是人福勝彼　不可為譬喻
如是展轉聞　其福尚無量　何況於法會　初聞隨喜者
若有勸一人　將引聽法華　言此　千萬劫難
即受教往聽　乃至須臾聞　斯人之
世世無口患　齒不疏黃黑　脣不厚褰缺　無有
舌不乾黑短　鼻高修且直　額廣而平正　面目

後生天人中　得妙象馬車　珍寶之輦轝　及乘天宮殿
若於講法處　勸人坐聽經　是福因緣得　釋梵轉輪座
何況一心聽　解說其義趣　如說而修行　其福不可限
妙法蓮華經法師功德品第十九
尒時佛告常精進菩薩摩訶薩若善男子善
女人受持是法華經若讀若誦若解說若書
寫是人當得八百眼功德千二百耳功德八
百鼻功德千二百舌功德八百身功德千二
百意功德以是功德莊嚴六根皆令清淨是
善男子善女人父母所生清淨肉眼見於三
千大千世界內外所有山林河海下至阿鼻
地獄上至有頂亦見其中一切衆生及業因
緣果報生處悉見悉知尒時世尊欲重宣此

地獄上至有頂亦見其中一切衆生及業因
緣果報生處悉見悉知時世尊欲重宣此
義而說偈言
若於大衆中　以无所畏心　說是法華經　汝聽其功德
是人得八百　功德殊勝眼　以是莊嚴故　其目甚清淨
父母所生眼　悉見三千界　內外弥樓山　須弥及鐵圍
并諸餘山林　大海江河水　下至阿鼻獄　上至有頂處
其中諸衆生　一切皆悉見　雖未得天眼　肉眼力如是
復次常精進若善男子善女人受持此經若
讀若誦若解說若書寫得千二百耳功德以
是清淨耳聞三千大千世界下至阿鼻地獄
上至有頂其中內外種種語言音聲象聲
馬聲牛聲車聲啼哭聲愁歎聲螺聲鼓聲鍾聲
鈴聲笑聲語聲男聲女聲童子聲童女聲法

喜聲天聲龍聲夜叉聲乾闥婆聲阿脩羅聲
迦樓羅聲緊那羅聲摩睺羅伽聲火聲水聲
風聲地獄聲畜生聲餓鬼聲比丘聲比丘尼
聲聲聞聲辟支佛聲菩薩聲佛聲以要言之
三千大千世界中一切內外所有諸聲雖未
得天耳以父母所生清淨常耳皆悉聞知如
是分別種種音聲而不壞耳根尒時世尊欲
重宣此義而說偈言
父母所生耳　清淨无濁穢　以此常耳聞　三千世界聲
象馬車牛聲　鍾鈴螺鼓聲　琴瑟箜篌聲　簫笛之音聲
清淨好歌聲　聽之而不著　无數種人聲　聞悉能解了
又聞諸天聲　微妙之歌音　及聞男女聲　童男童女聲
山川險谷中　迦陵頻伽聲　命命等諸鳥　悉聞其音聲

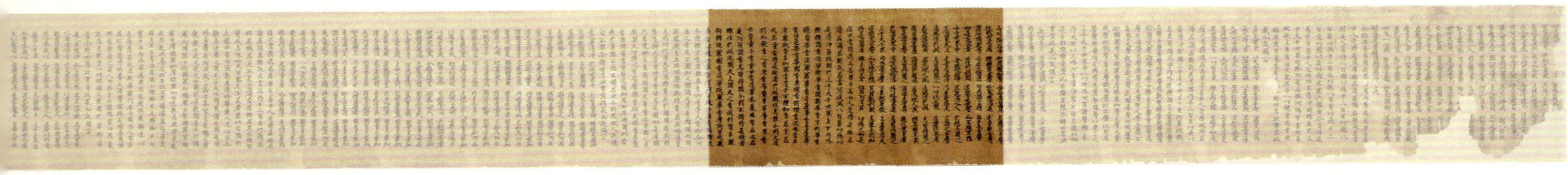

山川險谷中　迦陵頻伽聲　命命等諸鳥　悉聞其音聲
地獄衆苦痛　種種楚毒聲　餓鬼飢渴逼　求索飲食聲
諸阿修羅等　居在大海邊　自共語言時　出于大音聲
如是説法者　安住於此間　遥聞是衆聲　而不壞耳根
十方世界中　禽獸鳴相呼　其説法之人　於此悉聞之
其諸梵天上　光音及遍淨　乃至有頂天　言語之音聲
法師住於此　悉皆得聞之　一切比丘衆　及諸比丘尼
若讀誦經典　若爲他人説　法師住於此　悉皆得聞之
復有諸菩薩　讀誦於經法　若爲他人説　撰集解其義
如是諸音聲　悉皆得聞之　諸佛大聖尊　教化衆生者
於諸大衆中　演説微妙法　持此法華者　悉皆得聞之
三千大千界　内外諸音聲　下至阿鼻獄　上至有頂天
皆聞其音聲　而不壞耳根　其耳聰利故　悉能分別知

讀若誦若解說若書寫成就八百鼻功德以
是清淨鼻根聞於三千大千世界上下內外
種種諸香須曼那華香闍提華香末利華香
瞻蔔華香波羅羅華香赤蓮華香青蓮華
香白蓮華香華樹香菓樹香栴檀香沈水香多
摩羅跋香多伽羅香及千万種和香若末若
丸若塗香持是經者於此間住悉能分別又復
別知眾生之香象香馬香牛羊等香男香
女香童子香童女香及草木叢林香若近若
遠所有諸香悉皆得聞分別不錯持是經者
雖住於此亦聞天上諸天之香波利質多羅
拘鞞陀羅樹香及曼陀羅華香摩訶曼陀羅
華香曼殊沙華香摩訶曼殊沙華香栴檀沈

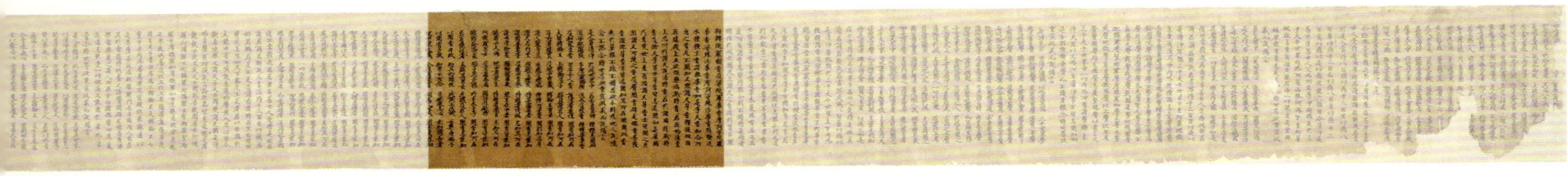

拘鞞陀羅樹香及曼陀羅華香摩訶曼陀羅
華香曼殊沙華香摩訶曼殊沙華香栴檀沉
水種種末香諸雜華香如是等天香和合所
出之香无不聞知又聞諸天身香釋提桓因
在勝殿上五欲娛樂嬉戲時香若在妙法堂
上為忉利諸天說法時香若於諸園遊戲時
香及餘天等男女身香皆悉遙聞如是展轉
乃至梵世上至有頂諸天身香亦皆聞之并
聞諸天所燒之香及聲聞香辟支佛香菩薩
香諸佛身香亦皆遙聞知其所在雖聞此香
然於鼻根不壞不錯若欲分別為他人說憶
念不謬尒時世尊欲重宣此義而說偈言
是人鼻清淨　於此世界中　若香若臭物　種種悉聞知

大勢轉輪王　小轉輪及子　群臣諸宮人　聞香知所在
身所著珍寶　及地中寶藏　轉輪王寶女　聞香知所在
諸人嚴身具　衣服及瓔珞　種種所塗香　聞則知其身
諸天若行坐　遊戲及神變　持是法華者　聞香悉能知
諸樹華菓實　及酥油香氣　持經者住此　悉知其所在
諸山深嶮處　栴檀樹華敷　衆生在中者　聞香皆能知
鐵圍山大海　地中諸衆生　持經者聞香　悉知其所在
阿脩羅男女　及其諸眷屬　鬪諍遊戲時　聞香皆能知
曠野險隘處　師子象虎狼　野牛水牛等　聞香知所在
若有懷妊者　未辯其男女　無根及非人　聞香悉能知
以聞香力故　知其初懷妊　成就不成就　安樂產福子
以聞香力故　知男女所念　染欲癡恚心　亦知脩善者
地中衆伏藏　金銀諸珍寶　銅器之所盛　聞香悉能知

以聞香力故　知男女所念　染欲癡恚心　亦知脩善者
地中衆伏藏　金銀諸珍寶　銅器之所盛　聞香悉能知
種種諸瓔珞　无能識其價　聞香知貴賤　出處及所在
天上諸華等　曼陀曼殊沙　波利質多樹　聞香悉能知
天上諸宮殿　上中下差別　衆寶華莊嚴　聞香悉能知
天園林勝殿　諸觀妙法堂　在中而娛樂　聞香悉能知
諸天若聽法　或受五欲時　來往行坐臥　聞香悉能知
天女所著衣　好華香莊嚴　周旋遊戲時　聞香悉能知
如是展轉上　乃至於梵世　入禪出禪者　聞香悉能知
光音遍淨天　乃至于有頂　初生及退沒　聞香悉能知
諸比丘衆等　於法常精進　若坐若經行　及讀誦經法
或在林樹下　專精而坐禪　持經者聞香　悉知其所在
菩薩志堅固　坐禪若讀誦　或為人說法　聞香悉能知

雖未得菩薩　无漏法生身　而是持經者　先得此身相
復次常精進若善男子善女人受持是經若
讀若誦若解說若書寫得千二百舌功德若
好若醜若美不美及諸苦澀物在其舌根皆
變成上味如天甘露无不美者若以舌根於
大衆中有所演說出深妙聲能入其心皆令
歡喜快樂又諸天子天女釋梵諸天聞是深
妙音聲有所演說言論次第皆悉來聽及諸
龍龍女夜叉夜叉女乾闥婆乾闥婆女阿脩
羅阿脩羅女迦樓羅迦樓羅女緊那羅緊那
羅女摩睺羅伽摩睺羅伽女為聽法故皆來親
近恭敬供養及比丘比丘尼優婆塞優婆夷
國王王子羣臣眷屬小轉輪王大轉輪王七

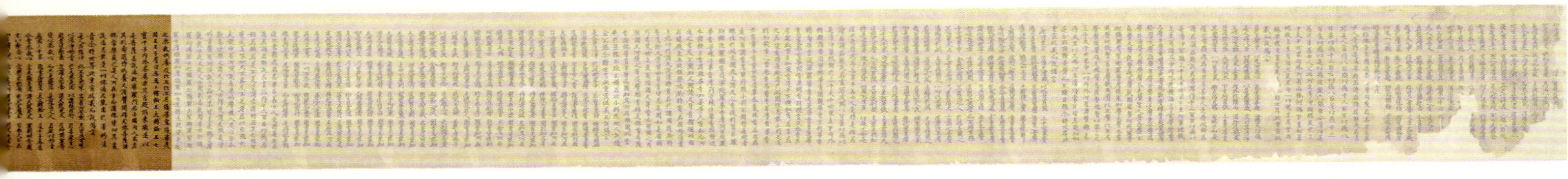

近恭敬供養及比丘比丘尼優婆塞優婆夷
國王王子群臣眷屬小轉輪王大轉輪王七
寶千子內外眷屬乘其宮殿俱來聽法 以
是菩薩善說法故婆羅門居士國內人民盡
其形壽隨侍供養又諸聲聞辟支佛菩薩諸
佛常樂見之是人所在方面諸佛皆向其處
說法悉能受一切佛法又能出於深妙法
音尒時世尊欲重宣此義而說偈言
是人舌根淨 終不受惡味 其有所食噉 悉皆成甘味
以深淨妙音 於大眾說法 以諸緣因喻 引導眾生心
聞者皆歡喜 設諸上供養 諸天龍夜叉 及阿脩羅等
皆以恭敬心 而共來聽法 是說法之人 若欲以妙音
遍滿三千界 隨意即能至 大小轉輪王 及千子眷屬

如是諸天衆　常来至其所　諸佛及弟子　聞其說法音
常念而守護　或時爲現身
復次常精進若善男子善女人受持是經若
讀若誦若解說若書寫得八百身功德得清
浄身如浄琉璃衆生喜見其身浄故三千大
千世界衆生生時死時上下好醜生善處惡
處悉於中現及鐵圍山大鐵圍山弥樓山摩
訶弥樓山等諸山及其中衆生悉於中現下
至阿鼻地獄上至有頂所有及衆生悉於中
現若聲聞辟支佛菩薩諸佛說法皆於身中
現其色像尒時世尊欲重宣此義而說偈言
若持法華者　其身甚清浄　如彼浄琉璃　衆生皆喜見
又如浄明鏡　悉見諸色像　菩薩於浄身　皆見世所有

若持法華者　其身甚清淨　如彼淨琉璃　衆生皆喜見
又如淨明鏡　悉見諸色像　菩薩於淨身　皆見世所有
唯獨自明了　餘人所不見　三千世界中　一切諸群萌
天人阿脩羅　地獄鬼畜生　如是諸色像　皆於身中現
諸天等宮殿　乃至於有頂　鐵圍及彌樓　摩訶彌樓山
諸大海水等　皆於身中現　諸佛及聲聞　佛子菩薩等
若獨若在衆　說法悉皆現　雖未得无漏　法性之妙身
以清淨常體　一切於中現
復次常精進若善男子善女人如來滅後受
持是經若讀若誦若解說若書寫得千二百
意功德以是清淨意根乃至聞一偈一句通
達无量无邊之義解是義已能演說一句一
偈至一月四月乃至一歲諸所說法隨其義
趣皆與實相不相違背若說俗間經書治

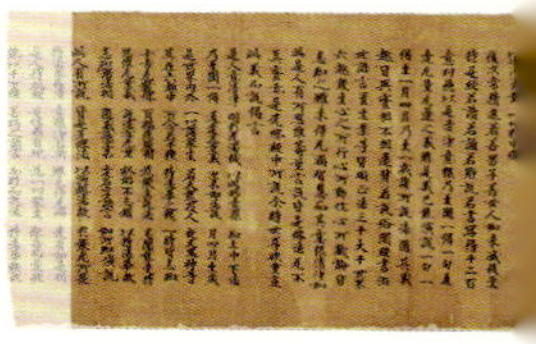

六趣衆生心之所行心所動作心所戲論皆
悉知之雖未得无漏智慧而其意根清淨如
此是人有所思惟籌量言說皆是佛法无不
真實亦是先佛經中所說尒時世尊欲重宣
此義而說偈言
是人意清淨　明利无濁穢　以此妙意根　知上中下法
乃至聞一偈　通達无量義　次第如法說　月四月至歲
是世界内外　一切諸衆生　若天龍及人　夜叉鬼神等
其在六趣中　所念若干種　持法華之報　一時皆悉知
十方无數佛　百福莊嚴相　為衆生說法　悉聞能受持
思惟无量義　說法亦无量　終始不忘錯　以持法華故
悉知諸法相　隨義識次第　達名字語言　如所知演說
此人有所說　皆是先佛法　以演此法故　於衆无所畏

此人有所說　皆是先佛法　以演此法故　於衆无所畏
持法華經者　意根淨若斯　雖未得无漏　先有如是相
是人持此經　安住希有地　為一切衆生　歡喜而愛敬
能以千万種　善巧之語言　分別而說法　持法華經故

BD00361 妙法蓮華經（八卷本）卷五

（後秦）鳩摩羅什 譯

751.3cm × 26.5cm

……遙見彼龍女成
說法心大歡喜悉遙敬礼无量衆生聞法解
悟得不退轉无量衆生得受道記无垢世界
六反震動娑婆世界三千衆生住不退地三千
衆生發菩提心而得受記智積菩薩及舍利
弗一切衆會默然信受
妙法蓮華經勸持品第十三
尒時藥王菩薩摩訶薩及大樂說菩薩摩
訶薩與二万菩薩眷屬俱皆於佛前作是誓
言唯願世尊不以為慮我等於佛滅後當奉
持讀誦說此經典後惡世衆生善根轉少多增
上慢貪利供養增不善根遠離解脫雖難可
教化我等當起大忍力讀誦此經持說書寫

得受記者白佛言世尊我等亦自誓願於異
國土廣說此經復有學无學八千人得受記者
從座而起合掌向佛作是誓言世尊我等亦
當於他國土廣說此經所以者何是娑婆國
中人多弊惡懷增上慢功德淺薄瞋濁諂曲
心不實故尒時佛姨母摩訶波闍波提比
丘尼與學无學比丘尼六千人俱從座而起
一心合掌瞻仰尊顏目不暫捨於時世尊告
憍曇弥何故憂色而視如来汝心將无謂我
不說汝名授阿耨多羅三藐三菩提記耶憍
曇弥我先惣說一切聲聞皆授記今汝欲知
記者將来之世當於六万八千億諸佛法中
為大法師及六千學无學比丘尼俱為法師

為大法師及六千學无學比丘尼俱為法師
汝如是漸漸具菩薩道當得作佛号一切衆
生喜見如来應供正遍知明行足善逝世間
解无上士調御丈夫天人師佛世尊憍曇弥
是一切衆生喜見佛及六千菩薩轉次授記
得阿耨多羅三藐三菩提尒時羅睺羅母耶
輸陁羅比丘尼作是念世尊於授記中獨不
說我名佛告耶輸陁羅汝於来世百千万億
諸佛法中脩菩薩行為大法師漸具佛道於
善國中當得作佛号具足千万光相如来應
供正遍知明行足善逝世間解无上士調御丈
夫天人師佛世尊佛壽无量阿僧祇劫尒
時摩訶波闍波提比丘尼及耶輸陁羅比丘

世尊導師　安隱天人　我等聞記　心安具足
諸比丘尼說是偈已白佛言世尊我等亦能
於他方國土廣宣此經尒時世尊視八十万億
那由他諸菩薩摩訶薩是諸菩薩皆是阿
惟越致轉不退法輪得諸陁羅尼即從座起
到於佛前一心合掌而作是念若世尊告勅我
等持說此經者當如佛教廣宣斯法復作是
念佛今默然不見告勅我當云何時諸菩薩
敬順佛意并欲自滿本願便於佛前作師子
吼而發誓言世尊我等於如來滅後周旋往
反十方世界能令衆生書寫此經受持讀誦解
說其義如法脩行正憶念皆是佛之威力
唯願世尊在於他方遥見守護即時諸菩

誦解說其義如法修行正憶念皆是佛之威力
唯願世尊在於他方遙見守護即時諸菩
薩俱同發聲而說偈言
唯願不為慮 於佛滅度後 恐怖惡世中 我等當廣說
有諸无智人 惡口罵詈等 及加刀杖者 我等皆當忍
惡世中比丘 邪智心諂曲 未得謂為得 我慢心充滿
或有阿練若 納衣在空閑 自謂行真道 輕賤人間
貪著利養故 與白衣說法 為世所恭敬 如六通羅漢
是人懷惡心 常念世俗事 假名阿練若 好出我等過
而作如是言 此諸比丘等 為貪利養故 說外道論議
自作此經典 誑惑世間人 為求名聞故 分別於是經
常在大眾中 欲毀我等故 向國王大臣 婆羅門居士
及餘比丘眾 誹謗說我惡 謂是邪見人 說外道論議
我等敬佛故 悉忍是諸惡 為斯所輕言 汝等皆是佛

為說是經故　忍此諸難事　我不愛身命　但惜无上道
我等於来世　護持佛所囑　世尊自當知　濁世惡比丘
不知佛方便　隨宜所說法　惡口而顰蹙　數數見擯出
遠離於塔寺　如是等衆惡　念佛告勅故　皆當忍是事
諸聚落城邑　其有求法者　我皆到其所　說佛所囑法
我是世尊使　處衆无所畏　我當善說法　願佛安隱住
我於世尊前　諸来十方佛　發如是誓言　佛自知我心

妙法蓮華經安樂行品第十四

尒時文殊師利法王子菩薩摩訶薩白佛言
世尊是諸菩薩甚為難有敬順佛故發大誓
願於後惡世護持讀誦是法華經世尊菩薩摩
訶薩於後惡世云何能說是經佛告文殊師利
若菩薩摩訶薩於後惡世欲說是經當安

訶薩於後惡世云何能說是經佛告文殊師利
若菩薩摩訶薩於後惡世欲說是經當安
住四法一者安住菩薩行處親近處能為衆
生演說是經文殊師利云何名菩薩摩訶薩行
處若菩薩摩訶薩住忍辱地柔和善順而不
卒暴心亦不驚又復於法无所行而觀諸法如
實相亦不行不分別是名菩薩摩訶薩行處
云何名菩薩摩訶薩親近處 菩薩摩訶
薩不親近國王王子大臣官長不親近諸外
道梵志尼揵子等及造世俗文筆讚詠外書
及路伽耶陁逆路伽耶陁者亦不親近諸有兇
戲相扠相撲及那羅等種種變現之戲又不
親近旃陁羅及畜猪羊雞狗畋獵魚捕諸
惡律儀如是人等或時來者則為說法无
所悕望又不親近求聲聞比丘比丘尼優婆

在講堂中不共住止或時来者隨宜說法无
所希求文殊師利又菩薩摩訶薩不應於女
人身取能生欲想而為說法亦不樂見若入
他家不與小女處女寡女等共語亦復不
近五種不男之人以為親厚不獨入他家若
有因緣須獨入時但一心念佛若為女人說
法不露齒笑不現胸臆乃至為法猶不親厚
況復餘事不樂畜年少弟子沙弥小兒亦不
樂與同師常好坐禪在於閑處脩攝其心文
殊師利是名初親近處復次菩薩摩訶薩
觀一切法空如實相不顛倒不動不退不轉如虛
空无所有性一切語言道斷不生不出不起
无名无相實无所有无量无邊无礙无障但

空无所有性一切語言道斷不生不出不起
无名无相實无所有无量无邊无礙无障但
以因緣有從顛倒生故說常樂觀如是法相是
名菩薩摩訶薩第二親近處尒時世尊欲
重宣此義而說偈言
若有菩薩　於後惡世　无怖畏心　欲說是經
應入行處　及親近處　常離國王　及國王子
大臣官長　兇險戲者　及旃陀羅　外道梵志
亦不親近　增上慢人　貪著小乘　三藏學者
破戒比丘　名字羅漢　及比丘尼　好戲笑者
深著五欲　求現滅度　諸優婆夷　皆勿親近
若是人等　以好心來　到菩薩所　為聞佛道
菩薩則以　无所畏心　不懷希望　而為說法
寡女處女　及諸不男　皆勿親近　以為親厚

兇險相撲　種種嬉戲　諸婬女等　盡勿親近
莫獨屏處　為女說法　若說法時　无得戲笑
入里乞食　將一比丘　若无比丘　一心念佛
是則名為　行處近處　以此二處　能安樂說
又復不行　上中下法　有為无為　實不實法
亦不分別　是男是女　不得諸法　不知不見
是則名為　菩薩行處　一切諸法　空无所有
无有常住　亦无起滅　是名智者　所親近處
顛倒分別　諸法有无　是實非實　是生非生
在於閑處　脩攝其心　安住不動　如須弥山
觀一切法　皆无所有　猶如虛空　无有堅固
不生不出　不動不退　常住一相　是名近處
若有比丘　於我滅後　入是行處　及親近處

不生不出　不動不退　常住一相　是名近處
若有比丘　於我滅後　入是行處　及親近處
說斯經時　无有怯弱　菩薩有時　入於靜室
以正憶念　隨義觀法　從禪定起　為諸國王
王子臣民　婆羅門等　開化演暢　說斯經典
其心安隱　无有怯弱　文殊師利　是名菩薩
安住初法　能於後世　說法華經
又文殊師利　如來滅後　於末法中　欲說是經
應住安樂行　若口宣說　若讀誦經時　不樂說
人及經典過　亦不輕慢　諸餘法師　不說他人好
惡長短　於聲聞人　亦不稱名說其過惡　亦不稱
名讚歎其美　又亦不生怨嫌之心　善脩如是
安樂心故　諸有聽者　不逆其意　有所難問　不
以小乘法答　但以大乘而為解說　令得一切種

以油塗身　澡浴塵穢　着新淨衣　内外俱淨
安處法座　隨問為說　若有比丘　及比丘尼
諸優婆塞　及優婆夷　國王王子　羣臣士民
以微妙義　和顔為說　若有難問　隨義而荅
因緣譬喻　敷演分別　以是方便　皆使發心
漸漸增益　入於佛道　除嬾惰意　及懈怠想
離諸憂惱　慈心說法　晝夜常說　无上道教
以諸因緣　无量譬喻　開示衆生　咸令歡喜
衣服卧具　飲食醫藥　而於其中　无所希望
但一心念　說法因緣　願成佛道　令衆亦尒
是則大利　安樂供養
我滅度後　若有比丘　能演說斯　妙法華經
心无嫉恚　諸惱鄣礙　亦无憂愁　及罵詈者

我滅度後　若有比丘　能演說斯　法華經
心无嫉恚　諸惱鄣礙　亦无憂愁　及罵詈者
又无怖畏　加刀仗等　亦无擯出　安住忍故
智者如是　善脩其心　能住安樂　如我上說
其人功德　千万億劫　筭數譬喻　說不能盡
又文殊師利菩薩摩訶薩於後末世法欲滅
時受持讀誦斯經典者无懷嫉妬諂誑之心
亦勿輕罵學佛道者求其長短若比丘比丘尼
優婆塞優婆夷求聲聞者求辟支佛者求菩
薩道者无得惱之令其疑悔語其人言汝
等去道甚遠終不能得一切種智所以者何
汝是放逸之人於道懈怠故又亦不應戲論
諸法有所爭競當於一切衆生起大悲想於
諸如來起慈父想於諸菩薩起大師想於十

亦不爲多說文殊師利是菩薩摩訶薩於
後末世法欲滅時有成就是第三安樂行者
說是法時无能惱亂得好同學共讀誦是經
亦得大衆而來聽受聽已能持持已能誦誦
已能說說已能書若使人書供養經卷恭敬
尊重讚歎尒時世尊欲重宣此義而說偈言
若欲說是經　當捨嫉恚慢　諂誑邪僞心　常修質直行
不輕蔑於人　亦不戲論法　不令他疑悔　云汝不得佛
是佛子說法　常柔和能忍　慈悲於一切　不生懈怠心
十方大菩薩　愍衆故行道　應行恭敬心　是則我大師
於諸佛世尊　生无上父想　破於憍慢心　說法无障礙
第三法如是　智者應守護　一心安樂行　无量衆所敬
又文殊師利菩薩摩訶薩於後末世法欲滅時

第三法如是　智者應守護　一心安樂行　无量衆所敬
又文殊師利菩薩摩訶薩於後末世法欲滅時
有持是法華經者於在家出家人中生大慈心
於非菩薩人中生大悲應作是念如是之
人則為大失如来方便隨宜說法不聞不知不
覺不問不信不解其人雖不問不信不解是
經我得阿耨多羅三藐三菩提時隨在何地
以神通力智慧力引之令得住是法中文殊
師利是菩薩摩訶薩如来滅後有成就此弟
四法者說是法時无有過失常為比丘比丘
尼優婆塞優婆夷國王王子大臣人民婆
羅門居士等供養恭敬尊重讚歎　虛空
諸天為聽法故亦常隨侍若在聚落城邑空
閑林中有人来欲難問者諸天晝夜常為法

故文殊師利是法華經於无量國中乃至名字
不可得聞何况得見受持讀誦文殊師利
譬如強力轉輪聖王欲以威勢降伏諸國而諸
小王不順其命時轉輪王起種種兵而往討
伐王見兵衆戰有功者即大歡喜隨力賞
賜或與田宅聚落城邑或與衣服嚴身之具或
與種種珎寶金銀琉璃車璖馬瑙珊瑚虎珀
象馬車乘奴婢人民唯髻中明珠不以與之
所以者何獨王頂上有此一珠若以與之王
諸眷屬必大驚怪文殊師利如來亦復如是
以禪定智慧力得法國土王於三界而諸魔
王不肯順伏如來賢聖諸將與之共戰其
有功者心亦歡喜於四衆中為說諸經令其

王不肯順伏如来賢聖諸將與之共戰其
有功者心亦歡喜於四衆中為說諸經令其
心悦賜以禪定解脫无漏根力諸法之財又
復賜與涅槃之城言得滅度引道其心令皆
歡喜而不為說是法華經文殊師利如轉
輪王見諸兵衆有大功者心甚歡喜以此難
信之珠久在髻不妄與人而今與之如来亦
復如是於三界中為大法王以法教化一切
衆生見賢聖軍與五陰魔煩惱魔死魔
共戰有大功勳滅三毒出三界破魔網尒時如
来亦大歡喜此法華經能令衆生至一切智一切
世間多怨難信先所未說而今說之文殊師
利此法華經是諸如来第一之說於諸說
中最為甚深末後賜與如彼強力之王久護明

不妄宣說始於今日乃與汝等而敷演之尒時
世尊欲重宣此義而說偈言
常行忍辱　哀愍一切　乃能演說　佛所讚經
後末世時　持此經者　於家出家　及非菩薩
應生慈悲　斯等不聞　不信是經　則為大失
我得佛道　以諸方便　為說此法　令住其中
譬如強力　轉輪之王　兵戰有功　賞賜諸物
象馬車乘　嚴身之具　及諸田宅　聚落城邑
或與衣服　種種珍寶　奴婢財物　歡喜賜與
如有勇健　能為難事　王解髻中　明珠與之
如來亦尒　為諸法王　忍辱大力　智慧寶藏
以大慈悲　如法化世　見一切人　受諸苦惱
欲求解脫　與諸魔戰　為是衆生　說種種法

以大慈悲　如法化世　見一切人　受諸苦惱
欲求解脫　與諸魔戰　為是眾生　說種種法
以大方便　說此諸經　既知眾生　得其力已
末後乃為　說是法華　如王解髻　明珠與之
此經為尊　眾經中上　我常守護　不妄開示
今正是時　為汝等說
我滅度後　求佛道者　欲得安隱　演說斯經
應當親近　如是四法　讀是經者　常无憂惱
又无病痛　顏色鮮白　不生貧窮　卑賤醜陋
眾生樂見　如慕賢聖　天諸童子　以為給使
刀杖不加　毒不能害　若人惡罵　口則閉塞
遊行无畏　如師子王　智慧光明　如日之照
若於夢中　但見妙事　見諸如來　坐師子座
諸比丘眾　圍繞說法　又見龍神　阿脩羅等
數如恒沙　恭敬合掌　自見其身　而為說法

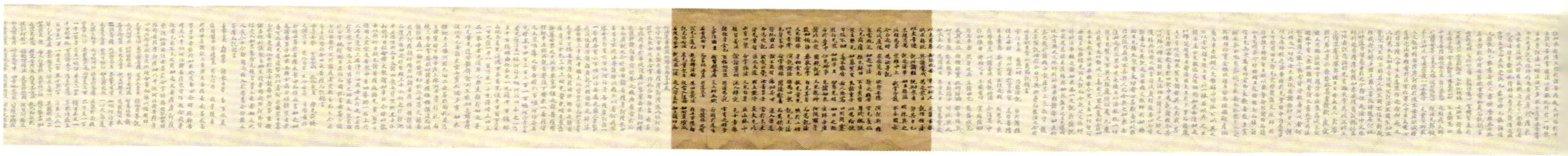

以梵音聲　演說諸法　佛為四眾　說无上法
見身處中　合掌讚佛　聞法歡喜　而為供養
得陁羅尼　證不退智　佛知其心　深入佛道
即為受記　成最正覺　汝善男子　當於未來
得无量智　佛之大道　國土嚴淨　廣大无比
亦有四眾　合掌聽法　又見自身　在山林中
脩習善法　證諸實相　深入禪定　見十方佛
諸佛身金色　百福相莊嚴　聞法為人說　常有是好夢
又夢作國王　捨宮殿眷屬　及上妙五欲　行詣於道場
在菩提樹下　而處師子座　求道過七日　得諸佛之智
成无上道已　起而轉法輪　為四眾說法　經千万億劫
說无漏妙法　度无量眾生　後當入涅槃　如烟盡燈滅
若後惡世中　說是第一法　是人得大利　如上諸功德

說无漏妙法　度无量衆生　後當入涅槃　如烟盡燈滅
若後惡世中　說是第一法　是人得大利　如上諸功德

妙法蓮華經從地踊出品第十五

尒時他方國土諸来菩薩摩訶薩過八恒河沙數於大衆中起立合掌作礼而白佛言　世尊若聽我等於佛滅後在此娑婆世界懃加精進護持讀誦書寫供養是經典者當於此土而廣說之尒時佛告諸菩薩摩訶薩衆止善男子不須汝等護持此經所以者何我娑婆世界自有六万恒河沙等菩薩摩訶薩一一菩薩各有六万恒河沙眷屬是諸人等能於我滅後護持讀誦廣說此經佛說是時娑婆世界三千大千國土地皆震裂而於其中有无量千万億菩薩摩訶薩同時踊出是諸菩

釋迦牟尼佛所說音聲從下發來一一菩薩皆
是大眾唱導之首各將六万恒河沙眷屬
況將五万四万三万二万一万恒河沙等眷屬
者況復乃至一恒河沙半恒河沙四分之一乃
至千万億那由他分之一況復千万億那
由他眷屬況復億万眷屬況復千万百万乃至
一万況復一千一百乃至一十況復將五四三
二一弟子者況復單己樂遠離行如是等
比无量无邊筭數譬喻所不能知是諸菩薩
從地出已各詣虛空七寶妙塔多寶如來
釋迦牟尼佛所到已向二世尊頭面礼足乃
至諸寶樹下師子座上佛所亦皆作礼右
繞三匝合掌恭敬以諸菩薩種種讚法而以

釋迦牟尼佛所到已向二世尊頭面礼足乃
至諸寶樹下師子座上佛所亦皆作礼右
繞三帀合掌恭敬以諸菩薩種種讃法而以
讃歎住在一面欣樂瞻仰於二世尊是諸菩
薩摩訶薩從初踊出以諸菩薩種種讃法
而讃於佛如是時間經五十小劫是時釋迦
牟尼佛嘿然而坐及諸四衆亦皆嘿然五十小
劫佛神力故令諸大衆謂如半日尒時四衆
亦以佛神力故見諸菩薩遍滿无量百千万
億國土虚空是菩薩衆中有四導師一名上行
二名无邊行三名淨行四名安立行是四菩薩
於其衆中最為上首唱導之師在大衆前各
共合掌觀釋迦牟尼佛而問訊言世尊少病
少惱安樂行不所應度者受教易不不令世

又諸衆生　受化易不　不令世尊　生勞苦耶
尒時世尊於菩薩大衆中而作是言如是如
是諸善男子如来安樂少病少惱諸衆生等
易可化度无有疲勞所以者何是諸衆生世
已来常受我化亦於過去諸佛供養尊重種
諸善根此諸衆生始見我身聞我所說即皆
信受入如来慧除先脩習學小乘者如是之
人我今亦令得聞是經入於佛慧尒時諸大
菩薩而說偈言
善哉善哉　大雄世尊　諸衆生等　易可化度
能問諸佛　甚深智慧　聞已信行　我等隨喜
於時世尊讚歎上首諸大菩薩善哉善哉善
男子汝等能於如来發隨喜心尒時弥勒菩

男子汝等能於如来發随喜心尒時弥勒菩
薩及八千恒河沙諸菩薩衆皆作是念我等
從昔已来不見不聞如是大菩薩摩訶薩
衆從地踊出住世尊前合掌供養問訊如来時
弥勒菩薩摩訶薩知八千恒河沙諸菩薩等
心之所念并欲自決所疑合掌向佛以偈問曰
无量千万億　大衆諸菩薩　昔所未曾見　願兩足尊說
是從何所来　以何因緣集　巨身大神通　智慧叵思議
其志念堅固　有大忍辱力　衆生所樂見　為從何所来
一一諸菩薩　所將諸眷屬　其數无有量　如恒河沙等
或有大菩薩　將六万恒沙　如是諸大衆　一心求佛道
是諸大師等　六万恒河沙　俱来供養佛　及護持是經
將五万恒沙　其數過於是　四万及三万　二万至一万

百万至一万　一千及一百　五十與一十　乃至三二一
單己无眷屬　樂於獨處者　俱来至佛所　其數轉過上
如是諸大衆　若人行籌數　過於恒沙劫　猶不能盡知
是諸大威德　精進菩薩衆　誰爲其說法　教化而成就
從誰初發心　稱揚何佛法　受持行誰經　修習何佛道
如是諸菩薩　神通大智力　四方地震裂　皆從中踊出
世尊我昔来　未曾見是事　願說其所從　國土之名号
我常遊諸國　未曾見是衆　我於此衆中　乃不識一人
忽然從地出　願說其因緣　今此之大會　无量百千億
是諸菩薩等　皆欲知此事　是諸菩薩衆　本末之因緣
无量德世尊　唯願決衆疑
尒時釋迦牟尼分身諸佛從无量千万億他
方國土来者在於八方諸寶樹下師子座上

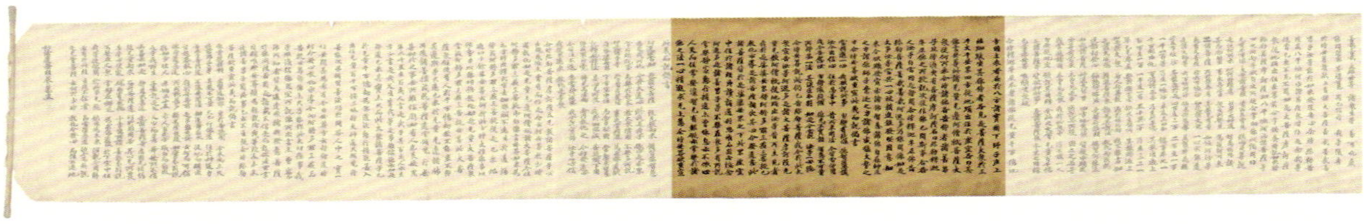

方國土來者在於八方諸寶樹下師子座上
結跏趺坐其佛侍者各見是菩薩大衆於三
千大千世界四方從地踊出住於虛空各白其
佛言世尊此諸无量无邊阿僧祇菩薩大
衆從何所來尒時諸佛各告侍者諸善男
子且待須臾有菩薩摩訶薩名曰彌勒釋迦
牟尼佛之所授記次後作佛已問斯事今荅
之汝等自當因是得聞尒時釋迦牟尼佛告
彌勒菩薩善哉善哉阿逸多乃能問佛如是
大事汝等當共一心被精進鎧發堅固意如
來今欲顯發宣示諸佛智慧諸佛自在神通
之力諸佛師子奮迅之力諸佛威猛大勢之
力尒時世尊欲重宣此義而說偈言

我今安慰汝　勿得懷疑懼　佛无不實語　智慧不可量
所得第一法　其深叵分別　如是今當說　汝等一心聽
尒時世尊說此偈已告弥勒菩薩我今於此大
衆宣告汝等阿逸多是諸大菩薩摩訶薩无
量无數阿僧祇從地踊出汝等昔所未見者
我於是娑婆世界得阿耨多羅三藐三菩提已
教化示導是諸菩薩調伏其心令發道意此
諸菩薩皆於是娑婆世界之下此界虛空
中住於諸經典讀誦通利思惟分別正憶念
阿逸多是諸善男子等不樂在衆多有所說
常樂靜處懃行精進未曾休息亦不依止
人天而住常樂深智无有鄣礙亦常樂於諸
佛之法一心精進求无上慧尒時世尊欲重宣

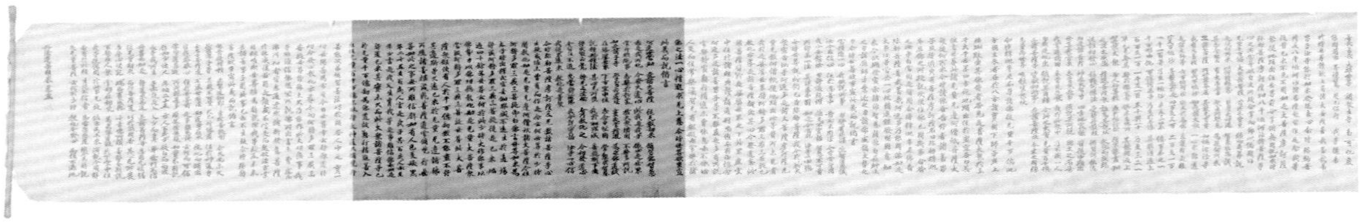

佛之法一心精進求无上慧尒時世尊欲重宣
此義而説偈言
阿逸汝當知 是諸大菩薩 從无數劫来 脩習佛智慧
悉是我所化 令發大道心 此我是我子 依止是世界
常行頭陀事 志樂於靜處 捨大衆憒閙 不樂多所説
如是諸子等 學習我道法 晝夜常精進 為求佛道故
在娑婆世界 下方空中住 志念力堅固 常懃求智慧
説種種妙法 其心无所畏 我於伽耶城 菩提樹下坐
得成最正覺 轉无上法輪 尒乃教化之 令初發道心
今皆住不退 悉當得成佛 我今説實語 汝等一心信
我從久遠来 教化是等衆
尒時弥勒菩薩摩訶薩及无數諸菩薩等心
生疑惑怪未曾有而作是念云何世尊於少時

太子時出釋氏宮去伽耶城不遠坐於道場
得成阿耨多羅三藐三菩提從是已来始
過四十餘年世尊云何於此少時大作佛事以
佛勢力以佛功德教化如是无量大菩薩衆
當成阿耨多羅三藐三菩提世尊此大菩
薩衆假使有人於千万億劫數不能盡不得
其邊斯等久遠已来於无量无邊諸佛
所殖諸善根成就菩薩道常脩梵行世
尊如此之事世所難信譬如有人色美髮黑
年二十五至百歲人言是我子其百歲人亦至
年少言是我父生育我等是事難信佛亦如是
得道已来其實未久而此大衆諸菩薩等已
於无量千万億劫為佛道故懃行精進善入

於无量千万億劫為佛道故懃行精進善入
出住无量百千万億三昧得大神通久脩梵行
善能次弟脩習善法巧於問荅人中之寶一
切世間甚為希有今日世尊方云得佛道時
初令發心教化示導令向阿耨多羅三藐三
菩提世尊得佛未久乃能作此大功德事我
等雖復信佛隨冝所說佛所出言未曽虚妄
佛所知者皆悉通達然諸新發意菩薩
於佛滅後若聞是語或不信受而起破法罪業
因緣唯然世尊願為解說除我等疑及未来
世諸善男子聞此事已亦不生疑尒時弥勒
菩薩欲重宣此義而說偈言
佛昔從釋種　出家近伽耶　坐於菩提樹　尒来尚未久

皆起恭敬心　住於世尊前　是事難思議　云何而可信
佛得道甚近　所成就甚多　願為除衆疑　如實分別說
譬如少壯人　年始二十五　示人百歲子　髮白而面皺
是等我所生　子亦說是父　父少而子老　舉世所不信
世尊亦如是　得道來甚近　是諸菩薩等　志固无怯弱
從无量劫來　而行菩薩道　巧於難問答　其心无所畏
忍辱心決定　端正有威德　十方佛所讚　善能分別說
不樂在人衆　常好在禪定　為求佛道故　於下空中住
我等從佛聞　於此事无疑　願佛為未來　演說令開解
若有於此經　生疑不信者　即當墮惡道　願今為解說
是无量菩薩　云何於少時　教化令發心　而住不退地

妙法蓮華經卷第五

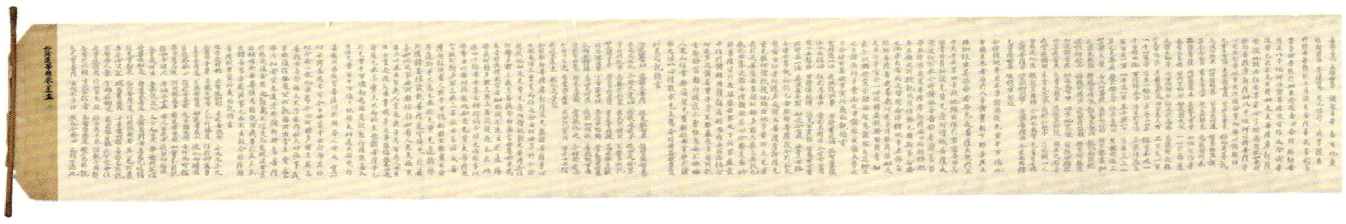

妙法蓮華經卷第五

BD00362

大般若波羅蜜多經卷五二八

（唐）玄奘 譯

249.3cm × 26cm

共
立有情三聚
應方便化導令獲殊勝利益安
樂具壽善現復白佛言云何如來應正等覺於
一切法无性性中起四靜慮發五神通證大
菩提具諸功德安立利樂三聚有情佛告
善現若諸欲惡不善法等有少自性或復他性
爲自性者我本脩學菩薩道時不應通達一
切欲惡不善法等皆以无性而爲自性離欲
惡等入諸靜慮具足而住以諸欲惡不善法
等无自他性但以无性爲自性故我本脩學
菩薩道時通達欲惡不善法等皆以无性而
爲自性離欲惡等入諸靜慮具足而住善現

皆以无性而為自性發起種種自在神通於
諸境界妙用无礙以諸神通无自他性但以
无性為自性故我本脩學菩薩道時通達
神通皆以无性而為自性發起種種自在神通
於諸境界妙用无礙善現當知若佛无上正
等菩提有少自性或復他性為自性者我本
脩學菩薩道時不應通達諸佛无上正等
菩提及諸功德皆以无性而為自性證得无
上正等菩提具諸功德以佛无上正等菩提及
諸功德无自他性但以无性為自性故我本
脩學菩薩道時通達无上正等菩提皆以无
性而為自性用一剎那相應妙慧證得无上
正等菩提具諸功德善現當知若諸有情有

正等菩提具諸功德善現當知若諸有情有
少自性或復他性為自性者我成佛已不應
通達一切有情皆以无性而為自性安立有
情三聚差別隨其所應方便化導令獲殊勝
利益安樂以諸有情无自他性但以无性為
自性故我成佛已通達有情皆以无性而為
自性安立有情三聚差別隨其所應方便化
導令獲殊勝利益安樂
尒時善現復白佛言若菩薩摩訶薩知一切
法无性為性而於其中趣四靜慮發五神通
證得无上正等菩提具諸功德安立有情三
聚差別隨其所應方便化導令其獲得利
樂事者云何初發心菩薩摩訶薩於一切法无
性性中作漸次業脩漸次學行漸次行由此

心位或從佛聞或復從於多供養佛菩薩獨
覺及阿羅漢不還一來預流果等賢聖所聞
謂證諸法无性爲性究竟圓滿乃名爲佛漸
證諸法无性爲性名爲菩薩乃至預流深信
諸法无性爲性名賢善士故一切法乃至諸有
情无不皆以无性爲性法及有情乃至无有
如毛端量自性可得是菩薩摩訶薩聞此事
已作是思惟若一切法及諸有情皆以无性
而爲自性證得此故說名爲佛乃至預流深
信此故名賢善士我於无上正等菩提若當
證得若不證得諸法有情常以无性而爲自
性故我定應發趣无上正等菩提得菩提已
若諸有情行有想者方便安立令住无想是

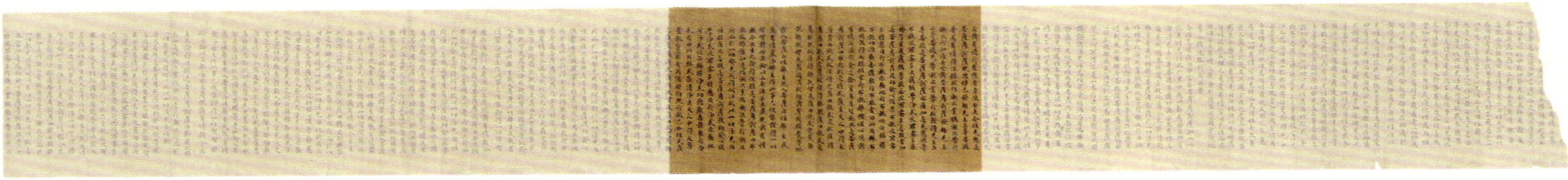

若諸有情行有想者方便安立令住无想是
菩薩摩訶薩旣思惟已發趣无上正等菩提
普爲有情得涅槃故作漸次業脩漸次學行
漸次行如過去世諸菩薩摩訶薩發趣无上
正等菩提先學漸次業學行故證得无上正
等菩提是菩薩摩訶薩亦復如是先應脩學
布施波羅蜜多次應脩學淨戒波羅蜜多展
轉乃至後應脩學般若波羅蜜多善現當知
是菩薩摩訶薩從初發心脩學布施波羅蜜
多時應自行布施亦勸他行布施恒正稱揚
布施功德歡喜讚歎行布施者由此因緣布
施圓滿得大財位常行布施離慳悋心隨諸
有情所須飲食及餘資具悉皆施與是菩薩
摩訶薩由布施故受持戒蘊生天人中得大

慧解脫故復得解脫智見蘊由施戒定慧解
脫解脫智見蘊圓滿故超諸聲聞獨覺等地
證入菩薩正性離生既入菩薩正性離生成
熟有情嚴淨佛土作此事已便能證得一切
智智轉妙法輪以三乘法安立度脫諸有情
類令出生死證得涅槃是菩薩摩訶薩由布
施故雖能如是作漸次業脩漸次學行漸次
行而於一切都无所得何以故以一切法无自
性故復次善現是菩薩摩訶薩從初發心脩
學淨戒波羅蜜多時應自行淨戒亦勸他
行淨戒恒正稱揚淨戒功德歡喜讚歎行淨
戒者由此因緣戒蘊清淨生天人中得大尊
貴施貧窮者所須財物既行施已安住戒蘊
定蘊慧蘊解脫蘊解脫智見蘊由戒定慧解

貴施貧窮者所須財物既行施已安住戒蘊
定蘊慧蘊解脫蘊解脫智見蘊由戒定慧解
脫解脫智見蘊清淨故超諸聲聞獨覺等
地證入菩薩正性離生既入菩薩正性離生成
熟有情嚴淨佛土作此事已便能證得一切
智智轉妙法輪以三乘法安立度脫諸有情
類令出生死證得涅槃是菩薩摩訶薩由淨
戒故雖能如是作漸次業脩漸次學行漸次
行而於一切都无所得何以故以一切法无自
性故復次善現是菩薩摩訶薩從初發心
脩學安忍波羅蜜多時應自行安忍亦勸他
行安忍恒正稱揚安忍功德歡喜讚歎行安
忍者是菩薩摩訶薩行安忍時能以財物施
諸有情皆令滿足既行施已安住戒蘊定蘊

入菩薩正性離生既入菩薩正性離生成熟有
情嚴淨佛土作此事已便能證得一切智智
轉妙法輪以三乘法安立度脫諸有情類令
出生死證得涅槃是菩薩摩訶薩由安忍故
雖能如是作漸次業脩漸次學行漸次行而
於一切都无所得何以故以一切法无自性
故復次善現是菩薩摩訶薩從初發心脩學
精進波羅蜜多時應自行精進亦勸他行精
進恒正稱揚精進功德歡喜讚歎行精進者
是菩薩摩訶薩行精進時能以財物施諸有
情皆令滿足既行施已安住戒蘊定蘊慧蘊
解脫蘊解脫智見蘊由戒定慧解脫解脫智
見蘊清淨故超諸聲聞獨覺等地證入菩薩
正性離生既入菩薩正性離生成熟有情嚴

BD00362 大般若波羅蜜多經卷五二八

見蘊清淨故超諸聲聞獨覺等地證入菩薩
正性離生既入菩薩正性離生成熟有情嚴
淨佛土作此事已便能證得一切智智轉妙
法輪以三乘法安立度脫諸有情類令出生
死證得涅槃是菩薩摩訶薩由精進故雖能
如是作漸次業脩漸次學行漸次行而於一
切都无所得何以故以一切法无自性故復次
善現是菩薩摩訶薩從初發心脩學靜慮
波羅蜜多時應自入靜慮无量无色定亦勸
他入靜慮无量无色定恒正稱揚靜慮无量
无色定功德歡喜讚歎入靜慮无量无色定
者是菩薩摩訶薩行靜慮時能以財物施
諸有情皆令滿足既行施已安住戒蘊定蘊慧
蘊解脫蘊解脫智見蘊由戒定慧解脫解脫

嚴淨佛土作此事已便能證得一切智智轉
妙法輪以三乘法安立度脫諸有情類令出
生死證得涅槃是菩薩摩訶薩由靜慮故雖
能如是作漸次業脩漸次學行漸次行而於
一切都无所得何以故以一切法无自性故
復次善現是菩薩摩訶薩從初發心脩學般
若波羅蜜多時以戒定慧及解脫解脫智
見安立有情以无所得而為方便應自行六
波羅蜜多亦勸他行六波羅蜜多恒正稱揚
六波羅蜜多功德歡喜讚歎行六波羅蜜多
者是菩薩摩訶薩由於布施乃至般若波羅
蜜多方便善巧超諸聲聞獨覺等地證入
菩薩正性離生既入菩薩正性離生成熟有情

菩薩正性離生既入菩薩正性離生成熟有情
嚴淨佛土作此事已便能證得一切智智轉
妙法輪以三乘法安立度脫諸有情類令出
生死證得涅槃是菩薩摩訶薩由般若故雖
能知是作漸次業脩漸次學行漸次行而於
一切都无所得何以故以一切法无自性故善
現當知是為初發心菩薩摩訶薩依學六
種波羅蜜多作漸次業脩漸次學行漸次

BD00363 金光明最勝王經卷三

（唐）義净 譯

370.1cm × 25.5cm

障悉已懺悔我之業障今亦懺
不敢覆藏已作之罪願得除滅未來
敢造亦如未來諸大菩薩脩菩提行
障悉已懺悔我之業障今亦懺悔
不敢覆藏已作之罪願得除滅未來
不敢造亦如現在十方世界諸大菩薩修菩
提行所有業障悉已懺悔我之業障今亦懺
悔皆悉發露不敢覆藏已作之罪願得除滅
未來之惡更不敢造
善男子以是因緣若有造罪一刹那中不得
覆藏何況一日一夜乃至多時若有犯罪欲
求清淨心懷媿恥信於未來必有惡報生大

即應懺悔令速除滅若有願生富樂之家
多饒財寶復欲發意修習大乘亦應懺悔
滅除業障欲生豪貴婆羅門種刹帝利家
及轉輪王七寶具足亦應懺悔滅除業障
善男子若有欲生四大王衆三十三天夜摩
天覩史多天樂變化天他化自在天亦應懺
悔滅除業障若欲生梵衆梵輔大梵天少
光无量光極光淨天少淨无量淨遍淨天无
雲福生廣果无煩无熱善現天善見色究竟
天亦應懺悔滅除業障若欲求預流果一來
果不還果阿羅漢果亦應懺悔滅除業障
若欲願求三明六通聲聞獨覺自在菩提至
究竟地求一切智智淨智不思議智不動智

究竟地求一切智智淨智不思議智不動智
三藐三菩提正遍智者亦應懺悔滅除業障
何以故善男子一切諸法從因緣生如來所
說異相生異相滅因緣異故如是過去諸法
皆已滅盡所有業障无復遺餘是諸行法未
得現生而今得生未來業障更不復起何以
故善男子一切法空如來所說无有我人衆
生壽者亦无生滅亦无行法善男子一切諸法
皆依於本亦不可說何以故過一切相故若有
善男子善女人如是入於微妙真理生信敬心
是名无衆生而有於本以是義故說於懺悔
滅除業障
善男子若人成就四法能除業障永得清

智心四者於諸眾生起慈无量是謂為四尒
時世尊而說頌言
專心護三乘　不誹謗深法　作一切智想　慈心淨業障
善男子有四業障難可滅除云何為四一者於
菩薩律儀犯極重惡二者於大乘經心生誹
謗三者於自善根不能增長四者貪著三
有无出離心復有四種對治業障云何為四
一者於十方世界一切如來至心親近說一切
罪二者為一切眾生勸請諸佛說深妙法三
者隨喜一切眾生所有功德四者所有一切功德
善根悉皆迴向阿耨多羅三藐三菩提
尒時天帝釋白佛言世尊世間所有男子女
人於大乘行有能行者有不行者云何能

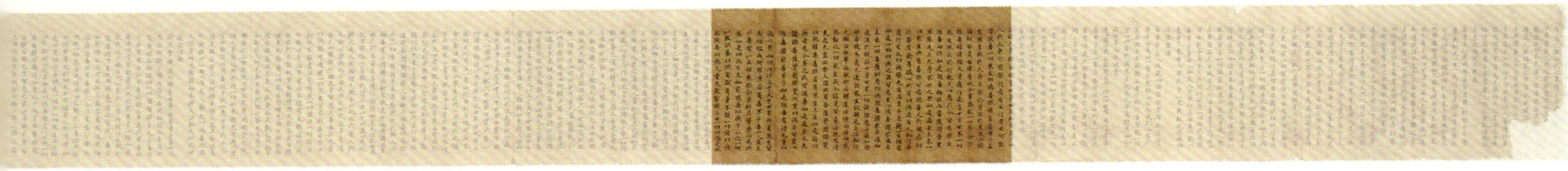

爾時彌勒白佛言世尊世間所有善男子善女
人於大乘行有能行者有不行者云何能
得隨喜一切眾生功德善根佛言善男子若
有眾生雖於大乘未能修習然於晝夜六時
偏袒右肩右膝著地合掌恭敬一心專念作
隨喜時得福无量應作是言十方世界一切
眾生現在修行施戒心慧我今皆悉深生
隨喜由作如是隨喜福故必當獲得尊重
殊勝无上无等最妙之果如是過去未來一
切眾生所有善根皆悉隨喜又於現在初
行菩薩發菩提心所有功德過百大劫行菩
薩行有大功德獲无生忍至不退轉一生補處
如是一切功德之蘊皆悉至心隨喜讚歎過去
未來一切菩薩所有功德隨喜讚歎亦復如

无礙法施擊法鼓吹法螺建法幢雨法雨哀
愍勸化一切衆生咸令信受皆蒙法施悉得
充足无盡安樂又復所有菩薩聲聞獨覺
功德積集善根若有衆生未具如是諸功
德者悉令具足我皆隨喜如是過去未來
諸佛菩薩聲聞獨覺所有功德亦皆至心
隨喜讚歎善男子如是隨喜當得无量功
德之聚如恒河沙三千大千世界所有衆生皆
斷煩惱成阿羅漢若有善男子善女人盡其
形壽常以上妙衣服飲食卧具醫藥而爲供
養如是功德不及如前隨喜功德千分之一何
以故供養功德有數有量不攝一切諸功德
故隨喜功德无量无數能攝三世一切功德是故

故隨喜功德无量无數能攝三世一切功德是故
若人欲求增長勝善根者應修如是隨喜功
德若有女人願轉女身爲男子者亦應修習隨
喜功德必得隨心現成男子尒時天帝釋白佛
言世尊已知隨喜功德勸請功德唯願爲說
欲令未來一切菩薩當轉法輪現在菩薩正
修行故佛告帝釋若有善男子善女人願
求阿耨多羅三藐三菩提者應當修行聲
聞獨覺大乘之道是人當於晝夜六時如前
威儀一心專念作如是言我今歸依十方一切諸
佛世尊已得阿耨多羅三藐三菩提未轉无
上法輪欲捨報身入涅槃者我皆至誠頂
礼勸請轉大法輪雨大法雨然大法炬照明

以此勸請功德迴向阿耨多羅三藐三菩提
如過去未來現在諸大菩薩勸請功德迴
向菩提我亦如是勸請功德迴向无上正等菩
提善男子假使有人以三千大千世界滿中七
寶供養如來若復有人勸請如來轉大法輪
所得功德其福勝彼何以故彼是財施此是
法施善男子且置三千大千世界七寶布施
若人以滿恒河沙數大千世界七寶供養一
切諸佛勸請功德亦勝於彼由其法施有五
勝利云何為五一者法施兼利自他財施不
尒二者法施能令衆生出於三界財施之福
不出欲界三者法施能淨法身財施但唯增
長於色四者法施无窮財施有盡五者法施

長於色四者法施无窮財施有盡五者法施
能斷无明財施唯伏貪愛是故善男子勸
請功德无量无邊難可譬喻如我昔行菩薩
道時勸請諸佛轉大法輪由彼善根是故
今日一切帝釋諸梵王等勸請於我轉大法
輪善男子請轉法輪爲欲度脫安樂諸衆生
故我於往昔爲菩提行勸請如來久住於世莫
般涅槃依此善根我得十力四无所畏四无礙
辯大慈大悲證得无數不共之法我當入於
无餘涅槃我之正法久住於世我法身者清
淨无比種種妙相无量智慧无量自在无量
功德難可思議一切衆生皆蒙利益百千万
劫說不能盡法身攝藏一切諸法一切諸法

種真見能解一切衆生之縛无縛可解能植
衆生諸善根本未成熟者令成熟已成熟者
令解脫无作无動遠離憒鬧寂静无為自在安
樂過於三世能現三世出於聲聞獨覺之境
諸大菩薩之所修行一切如來體无有異此等
皆由勸請功德善根力故如是法身我今已
得是故若有欲得阿耨多羅三藐三菩提者
於諸經中一句一頌為人解說功德善根尚
无限量何況勸請如來轉大法輪久住於世
莫般涅槃
時天帝釋復白佛言世尊若善男子善女人
為求阿耨多羅三藐三菩提故脩三乘道所
有善根云何迴向一切智智佛告天帝善男

有善根云何迴向一切智智佛告天帝善男
子若有衆生欲求菩提脩三乘道所有善根
願迴向者當於晝夜六時慇重至心作如是
說我從无始生死以來於三寶所脩行成就所
有善根乃至施與傍生一摶之食或以善言
和解諍訟或受三歸及諸學處或復懺悔
勸請隨喜所有善根我今作意悉皆攝取
迴施一切衆生无悔惜心是解脫分善根所攝
如佛世尊之所知見不可稱量无礙清淨如
是所有功德善根悉以迴施一切衆生不住相
心不捨相心我亦如是功德善根悉以迴施一切
衆生願皆獲得如意之手搖空出寶滿衆
生願富樂无盡智慧无窮妙法辯才悉皆

亦皆迴向无上菩提又如過去諸大菩薩修
行之時功德善根悉皆迴向一切種智現在
未来亦復如是然我所有功德善根亦皆迴
向阿耨多羅三藐三菩提是諸善根願共一切
衆生俱成正覺如餘諸佛坐於道場菩提
樹下不可思議无礙清淨住於无盡法藏陁
羅尼首楞嚴定破魔波旬无量兵衆應見
覺知應可通達如是一切一刹那中悉皆照
了於後夜中獲甘露法證甘露義我及衆生
願皆同證如是妙覺猶如
無量壽佛　勝光佛　妙光佛　阿閦佛
功德善光佛　師子光明佛　百光明佛　網光明佛
寶相佛　寶焰佛　焰明佛　焰盛光明佛

寶相佛 寶燄佛 燄明佛 燄盛光明佛
吉祥上王佛 微妙聲佛 妙莊嚴佛 法幢佛
上勝身佛 可愛色身佛 光明遍照佛 梵淨王佛
上性佛
如是等如來應正遍知過去未來及以現在
示現應化得阿耨多羅三藐三菩提轉无
上法輪爲度衆生我亦如是廣說如上
善男子若有淨信男子女人於此金光明最
勝經王滅業障品受持讀誦憶念不忘爲他
廣說得无量无邊大功德聚譬如三千大千
世界所有衆生一時皆得成就人身得人身
已成獨覺道若有男子女人盡其形壽恭敬
尊重四事供養一一獨覺各施七寶如須弥山

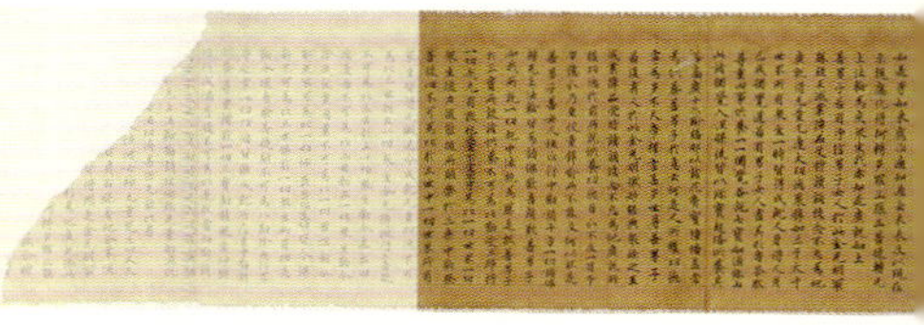

爲供養善男子於意云何是人所獲功德
寧爲多不天帝釋言甚多世尊善男子
若復有人於此金光明微妙經典衆經之王
滅業障品受持讀誦憶念不忘爲他廣說所
獲功德於前所說供養功德百分不及一百千
万億分乃至挍量譬喻所不能及何以故是
善男子善女人住正行中勸請十方一切諸佛
轉无上法輪皆爲諸佛歡喜讚歎善男子
如我所說一切施中法施爲勝是故善男子
於三寶所設諸供養不可爲比勸受三歸持
一切戒无有毀犯三業不空不可爲比一切世界一切
衆生隨力隨能隨所願樂於三乘中勸發
菩提心不可爲比於三世中一切世界所有

發生隨大隨能隨所願樂於三乘中勸發
菩提心不可爲比於三世中一切世界所有
衆生皆得无礙速令成就无量功德不可
爲比三世剎土一切衆生令无障礙得三菩提
不可爲比三世剎土一切衆生勸令速出四
惡道苦不可爲比三世剎土一切衆生勸令
除滅極重惡業不可爲比一切苦惱勸令
解脫不可爲比一切怖畏苦惱逼切皆令得
解不可爲比三世佛前一切衆生所有功德
勸令隨喜發菩提願不可爲比勸除惡行罵
辱之業一切功德皆願成就所在生中勸請
供養尊重讚歎一切三寶勸請衆生淨脩
福行成滿菩提不可爲比是故當知勸請
[illegible]世界三世三寶勸請滿足六波羅蜜勸
[illegible]

恒河女神无量梵王四大天
右肩右膝着地合掌頂
皆得聞是金光明冣
利爲他廣說依此
阿耨多羅三藐
故尒時

BD00363　金光明最勝王經卷三

BD00364 妙法蓮華經卷二

（後秦）鳩摩羅什 譯

975.3cm × 27.7cm

无上法輪 教化諸菩薩
於天人沙門婆羅門
說我昔曾於二万億佛所爲无上
道故常教化汝汝亦長夜隨我受學我以方
便引導汝故生我法中舍利弗我昔教汝志
願佛道汝今悉忘而便自謂已得滅度今還
欲令汝憶念本願所行道故爲諸聲聞說
是大乘經名妙法蓮華教菩薩法佛所護念
舍利弗汝於未來世過无量无邊不可思議
劫供養若干千万億佛奉持正法具足菩薩
所行之道當得作佛号曰華光如來應供正
遍知明行足善逝世間解无上士調御丈夫
天人師佛世尊國名離垢其土平正清淨嚴

天人師佛世尊國名離垢其土平正清淨嚴
飾安隱豐樂天人熾盛琉璃為地有八交道
黃金為繩以界其側其傍各有七寶行樹常
有華菓華光如來亦以三乘教化眾生舍利
弗彼佛出時雖非惡世以本願故說三乘法
其劫名大寶莊嚴何故名大寶莊嚴其國
中以菩薩為大寶故彼諸菩薩无量无邊不
可思議筭數譬喻所不能及非佛智力无能
知者若欲行時寶華承足此諸菩薩非初發
意皆久殖德本於无量百千万億佛所淨脩
梵行恒為諸佛之所稱嘆常脩佛慧具大神
通善知一切諸法之門質直无偽志念堅固
如是菩薩充滿其國
舍利弗華光佛壽十二小劫除為王子未作

舍利弗華光佛壽十二小劫除爲王子未作
佛時其國人民壽八小劫華光如来過十二
小劫授堅滿菩薩阿耨多羅三藐三菩提記
告諸比丘是堅滿菩薩次當作佛号曰華足
安行多陁阿伽度阿羅訶三藐三佛陁其佛
國土亦復如是舍利弗是華光佛滅度之後
正法住世三十二小劫像法住世亦三十二
小劫尒時世尊欲重宣此義而說偈言

舍利弗来世　成佛普智尊　号名曰華光　當度无量衆
供養无數佛　具足菩薩行　十力等功德　證於无上道
過无量劫已　劫名大寶嚴　世界名離垢　清淨无瑕穢
以琉璃爲地　金繩界其道　七寶雜色樹　常有華菓實
彼國諸菩薩　志念常堅固　神通波羅蜜　皆已悉具足
於无數佛所　善學菩薩道　如是等大士　華光佛所化

於无數佛所　善學菩薩道　如是等大事　華光佛所化
佛為王子時　棄國捨世榮　於最末後身　出家成佛道
華光佛住世　壽十二小劫　其國人民眾　壽命八小劫
佛滅度之後　正法住於世　三十二小劫　廣度諸眾生
正法滅盡已　像法三十二
舍利廣流布　天人普供養　華光佛所為　其事皆如是
其兩足聖尊　最勝无倫疋　彼即是汝身　宜應自欣慶
尒時四部眾比丘比丘尼優婆塞優婆夷天龍
夜叉乾闥婆阿脩羅迦樓羅緊那羅摩睺
羅伽等大眾見舍利弗於佛前受阿耨多羅
三藐三菩提記心大歡喜踊躍无量各各脫
身所著上衣以供養佛釋提桓因梵天王等
與无數天子亦以天妙衣天曼陀羅華摩訶
曼陀羅華等供養於佛所散天衣住虛空中

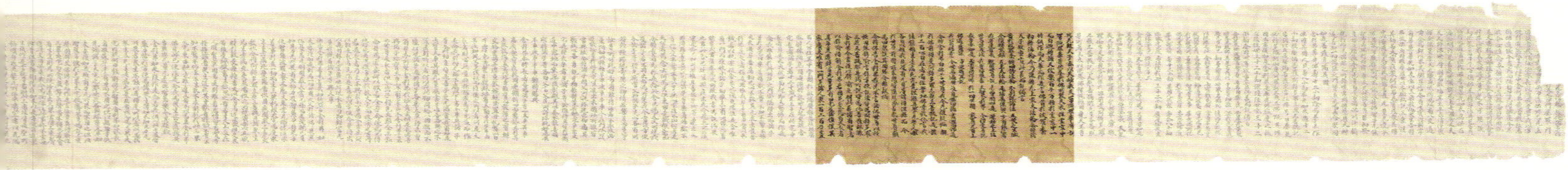

與无數天子亦以天妙衣天曼陀羅華摩訶
曼陀羅華等供養於佛所散天衣住虛空中
而自迴轉諸天伎樂百千万種於虛空中一
時俱作雨天華而作是言佛昔於波羅奈
初轉法輪今乃復轉无上最大法輪尒時諸
天子欲重宣此義而說偈言

昔於波羅奈　轉四諦法輪　分別說諸法　五衆之生滅
今復轉最妙　无上大法輪　是法甚深奧　少有能信者
我等從昔來　數聞世尊說　未曾聞如是　深妙之上法
世尊說是法　我等皆隨喜　大智舍利弗　今得受尊記
我等亦如是　必當得作佛　於一切世間　最尊无有上
佛道叵思議　方便隨宜說
我所有福業　今世若過世　及見佛功德　盡迴向佛道

尒時舍利弗白佛言世尊我今无復疑悔親

尒時舍利弗白佛言世尊我今无復疑悔親
於佛前得受阿耨多羅三藐三菩提記是諸
千二百心自在者昔住學地佛常教化言我
法能離生老病死究竟涅槃是學无學人亦
各自以離我見及有无見等謂得涅槃而今
於世尊前聞所未聞皆墮疑惑善哉世尊願
為四衆說其因緣令離疑悔
尒時佛告舍利弗我先不言諸佛世尊以種
種因緣譬喻言辭方便說法皆為阿耨多羅
三藐三菩提耶是諸所說皆為化菩薩故然
舍利弗今當復以譬喻更明此義諸有智者
以譬喻得解舍利弗若國邑聚落有大長者
其年衰邁財富无量多有田宅及諸僮僕其
家廣大唯有一門多諸人衆一百二百乃至五

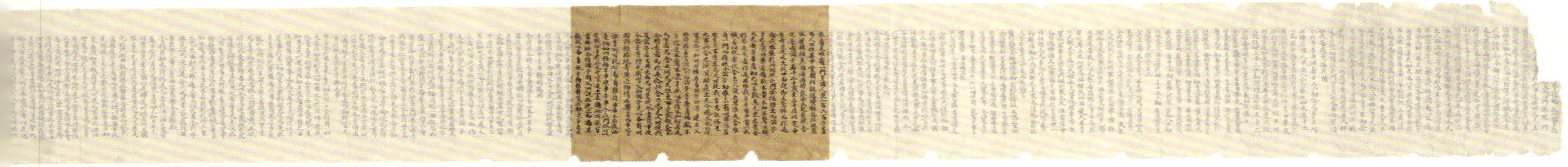

家廣大唯有一門多諸人衆一百二百乃至五
百人止住其中堂閣朽故墻壁頹落柱根腐
敗梁棟傾危周匝俱時欻然火起焚燒舍
宅長者諸子若十二十或至三十在此宅中
長者見是大火從四面起即大驚怖而作是
念我雖能於此所燒之門安隱得出而諸子
等於火宅内樂著嬉戲不覺不知不驚不怖
火來逼身苦痛切己心不猒患无求出意舍
利弗是長者作是思惟我身手有力當以衣
裓若以机案從舍出之復更思惟是舍唯
有一門而復狹小諸子幼稚未有所識戀著
戲處或當墮落爲火所燒我當爲說怖畏
之事此舍已燒宜時疾出无令爲火之所燒

宅是念已如所思惟具告諸子汝等速出父
雖憐愍善言誘喻而諸子等樂著嬉戲不
肯信受不驚不畏了無心亦復不知何者是
火何者為舍云何為失但東西走戲視父而已
爾時長者即作是念此舍已為大火所燒我
及諸子若不時出必為所焚我今當設方便
令諸子等得免斯害父知諸子先心各有所
好種種珍玩奇異之物情必樂著而告之言
汝等所可玩好希有難得汝若不取後必
憂悔如此種種羊車鹿車牛車今在門外可以
遊戲汝等於此火宅宜速出來隨汝所欲皆
當與汝爾時諸子聞父所說珍玩之物適其
願故心各勇銳互相推排競共馳走爭出火

願故心各勇銳互相推排競共馳走爭出火
宅是時長者見諸子等安隱得出皆於四衢
道中露地而坐無復障礙其心泰然歡喜踊
躍時諸子等各白父言父先所許玩好之具
羊車鹿車牛車願時賜與
舍利弗爾時長者各賜諸子等一大車其車
高廣眾寶莊校周匝欄楯四面懸鈴又於其
上張設幰蓋亦以珍奇雜寶而嚴飾之寶繩
交絡垂諸華瓔重敷綩綖安置丹枕駕以白
牛膚色充潔形體姝好有大筋力行步平正
其疾如風又多僕從而侍衛之所以者何是大
長者財富無量種種諸藏悉皆充溢而作
是念我財物無極不應以下劣小車與諸子
等今此幼童皆是吾子愛無偏黨

等今此幼童皆是吾子愛无偏黨我有如是
七寶大車其數无量應當等心各各與之不
宜差別所以者何以我此物周給一國猶尚不
匱何況諸子是時諸子各乘大車得未曾
有非本所望舍利弗於汝意云何是長者等
與諸子珎寶大車寧有虛妄不舍利弗言不
也世尊是長者但令諸子得免火難全其軀
命非為虛妄何以故若全身命便為已得
玩好之具況復方便於彼火宅而拔濟之世尊
若是長者乃至不與最小一車猶不虛妄何
以故是長者先作是意我以方便令子得出
以是因緣无虛妄也何況長者自知財富无
量欲饒益諸子等與大車
佛告舍利弗善哉善哉如汝所言舍利弗 如

佛告舍利弗善哉善哉如汝所言舍利弗如
來亦復如是則為一切世間之父於諸怖畏衰
惱憂患无明闇蔽永盡无餘而悉成就无量
知見力无所畏有大神力及智慧力具足方
便智慧波羅蜜大慈大悲常无懈惓恒求
善事利益一切而生三界朽故火宅為度衆
生生老病死憂悲苦惱愚癡闇蔽三毒之火
教化令得阿耨多羅三藐三菩提見諸衆生
為生老病死憂悲苦惱之所燒煑亦以五欲
財利故受種種苦又以貪著追求故現受衆
苦後受地獄畜生餓鬼之苦若生天上及在
人間貧窮困苦愛別離苦怨憎會苦如是等
種種諸苦衆生沒在其中歡喜遊戲不覺不
知不驚不怖亦不生厭不求解脫於此三界

知不驚不怖亦不生猒不求解脫於此三界
火宅東西馳走雖遭大苦不以為患舍利弗
佛見此已便作是念我為衆生之父應拔其
苦難與无量无邊佛智慧樂令其遊戲
舍利弗如來復作是念若我但以神力及智
慧力捨於方便為諸衆生讚如來知見力无
所畏者衆生不能以是得度所以者何是諸
衆生未免生老病死憂悲苦惱而為三界火
宅所燒何由能解佛之智慧舍利弗如彼長
者雖復身手有力而不用之但以慇懃方便
免濟諸子火宅之難然後各與珍寶大車如
來亦復如是雖有力无所畏而不用之但以
智慧方便於三界火宅拔濟衆生為說三乘

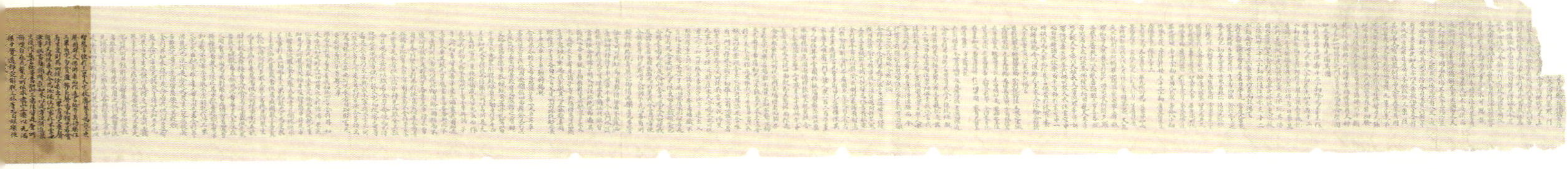

智慧方便於三界火宅拔濟衆生為說三乘
聲聞辟支佛佛乘而作是言汝等莫得樂住
三界火宅勿貪麁弊色聲香味觸也若貪
著生愛則為所燒汝速出三界當得三乘聲
聞辟支佛佛乘我今為汝保任此事終不虛也
汝等但當懃修精進如來以是方便誘進衆
生復作是言汝等當知此三乘法皆是聖所
稱嘆自在无繫无所依求乘此三乘以无漏
根力覺道禪定解脫三昧等而自娛樂便
得无量安隱快樂
舍利弗若有衆生內有智性從佛世尊聞法
信受慇懃精進欲速出三界自求涅槃是名
聲聞乘如彼諸子為求羊車出於火宅若有
衆生從佛世尊聞法信受慇懃精進求自

衆生從佛世尊聞法信受慇懃精進求自
然慧樂獨善寂深知諸法因緣是名辟支佛
乘如彼諸子為求鹿車出於火宅若有衆生從
佛世尊聞法信受懃脩精進求一切智佛智
自然智无師智如來知見力无所畏愍念安
樂无量衆生利益天人度脫一切是名大乘
菩薩求此乘故名為摩訶薩如彼諸子為求
牛車出於火宅舍利弗如彼長者見諸子等
安隱得出火宅到无畏處自惟財富无量
等以大車而賜諸子如來亦復如是為一切衆
生之父若見无量億千衆生以佛教門出三
界苦怖畏險道得涅槃樂如來尒時便作
是念我有无量无邊智智慧力无畏等諸佛法
藏是諸衆生皆是我子等與大乘不令有人

藏是諸衆生皆是我子等與大乘不令有人
獨得滅度皆以如來滅度而滅度之是諸衆生
脫三界者悉與諸佛禪定解脫等娛樂之具
皆是一相一種聖所稱歎能生淨妙第一之
樂舍利弗如彼長者初以三車誘引諸子然
後但與大車寶物莊嚴安隱第一然彼長者
无虛妄之咎如來亦復如是无有虛妄初說
三乘引導衆生然後但以大乘而度脫之何
以故如來有无量智慧力无所畏諸法之藏
能與一切衆生大乘之法但不盡能受舍利
弗以是因緣當知諸佛方便力故於一佛乘
分別說三佛欲重宣此義而說偈言
譬如長者 有一大宅 其宅久故 而復頓弊

譬如長者　有一大宅　其宅久故　而復頓弊
堂舍高危　柱根摧朽　梁棟傾斜　基階頹毀
牆壁圮坼　泥塗褫落　覆苫亂墜　椽梠差脫
周鄣屈曲　雜穢充遍　有五百人　止住其中
鵄梟鵰鷲　烏鵲鳩鴿　蚖蛇蝮蠍　蜈蚣蚰蜒
守宮百足　狖狸鼷鼠　諸惡蟲輩　交橫馳走
屎尿臭處　不淨流溢　蜣蜋諸蟲　而集其上
狐狼野干　咀嚼踐蹋　嚌齧死屍　骨肉狼藉
由是群狗　競來搏撮　飢羸慞惶　處處求食
鬪諍摣掣　啀喍嗥吠　其舍恐怖　變狀如是
處處皆有　魑魅魍魎　夜叉惡鬼　食噉人肉
毒蟲之屬　諸惡禽獸　孚乳產生　各自藏護
夜叉競來　爭取食之　食之既飽　惡心轉熾
鬪諍之聲　甚可怖畏　鳩槃荼鬼　蹲踞土埵

鬪爭之聲　甚可怖畏　鳩槃荼鬼　蹲踞土埵
或時離地　一尺二尺　往反遊行　縱逸嬉戲
捉狗兩足　撲令失聲　以脚加頸　怖狗自樂
復有諸鬼　其身長大　裸形黑瘦　常住其中
發大惡聲　叫呼求食　復有諸鬼　其咽如針
復有諸鬼　首如牛頭　或食人肉　或復噉狗
頭髮蓬亂　殘害兇險　飢渴所逼　叫喚馳走
夜叉餓鬼　諸惡鳥獸　飢急四向　窺看窓牖
如是諸難　恐畏無量　是朽故宅　屬于一人
其人近出　未久之間　於後宅舍　忽然火起
四面一時　其焰俱熾　棟梁椽柱　爆聲震裂
摧折墮落　墻壁崩倒　諸鬼神等　揚聲大叫
鵰鷲諸鳥　鳩槃荼等　周慞惶怖　不能自出
惡獸毒蟲　藏竄孔穴　毗舍闍鬼　亦住其中

惡獸毒虫　藏竄孔穴　毗舍闍鬼　亦住其中
薄福德故　為火所逼　共相殘害　飲血噉肉
野干之屬　並已前死　諸大惡獸　競來食噉
臭烟熢㶿　四面充塞　蜈蚣蚰蜒　毒虵之類
為火所燒　爭走出穴　鳩槃荼鬼　隨取而食
又諸餓鬼　頭上火然　飢渴熱惱　周章悶走
其宅如是　甚可怖畏　毒害火災　眾難非一
是時宅主　在門外立　聞有人言　汝諸子等
先因遊戲　來入此宅　稚小无知　歡娛樂著
長者聞已　驚入火宅　方宜救濟　令无燒害
告喻諸子　說眾患難　惡鬼毒虫　災火蔓莚
眾苦次第　相續不絕　毒虵蚖蝮　及諸夜叉
鳩槃荼鬼　野干狐狗　鵰鷲鵄梟　百足之屬
[illegible]況復大火

鳩槃荼鬼　野干狐狗　鵰鷲鵄梟　百足之屬
飢渴惱急　甚可怖畏　此苦難處　況復大火
諸子无知　雖聞父誨　猶故樂著　嬉戲不已
是時長者　而作是念　諸子如此　益我愁惱
今此舍宅　无一可樂　而諸子等　耽湎嬉戲
不受我教　將為火害　即便思惟　設諸方便
告諸子等　我有種種　珍玩之具　妙寶好車
羊車鹿車　大牛之車　今在門外　汝等出來
吾為汝等　造作此車　隨意所樂　可以遊戲
諸子聞說　如此諸車　即時奔競　馳走而出
到於空地　離諸苦難　長者見子　得出火宅
住於四衢　坐師子座　而自慶言　我今快樂
此諸子等　生育甚難　愚小无知　而入險宅
多諸毒虫　魑魅可畏　大火猛焰　四面俱起

多諸毒虫　魑魅可畏　大火猛焰　四面俱起
而此諸子　貪樂嬉戲　我已救之　令得脫難
是故諸人　我今快樂
尒時諸子　知父安坐　皆詣父所　而白父言
願賜我等　三種寶車　如前所許　諸子出來
當以三車　隨汝所欲　今正是時　唯垂給與
長者大富　庫藏眾多　金銀琉璃　車渠馬瑙
以眾寶物　造諸大車　莊校嚴飾　周匝欄楯
四面懸鈴　金繩交絡　真珠羅網　張施其上
金華諸瓔　處處垂下　眾彩雜飾　周匝圍繞
柔軟繒纊　以為裀褥　上妙細疊　價直千億
鮮白淨潔　以覆其上　有大白牛　肥壯多力
形體姝好　以駕寶車　多諸儐從　而侍衛之
以是妙車　等賜諸子　諸子是時　歡喜踊躍

以是妙車 等賜諸子 諸子是時 歡喜踊躍
乘是寶車 遊於四方 戲嬉快樂 自在无礙
告舍利弗 我亦如是 衆聖中尊 世間之父
一切衆生 皆是吾子 深著世樂 无有慧心
三界无安 猶如火宅 衆苦充滿 甚可怖畏
常有生老 病死憂患 如是等火 熾然不息
如來已離 三界火宅 寂然閑居 安處林野
今此三界 皆是我有 其中衆生 悉是吾子
而今此處 多諸患難 唯我一人 能為救護
雖復教詔 而不信受 於諸欲染 貪著深故
以是方便 為說三乘 令諸衆生 知三界苦
開示演說 出世間道 是諸子等 若心決定
具足三明 及六神通 有得緣覺 不退菩薩
汝舍利弗 我為衆生 以此譬喻 說一佛乘

汝舍利弗　我為衆生　以此譬喻　說一佛乘
汝等若能　信受是語　一切皆當　成得佛道
是乘微妙　清淨第一　於諸世間　為无有上
佛所悅可　一切衆生　所應稱讚　供養礼拜
无量億千　諸力解脫　禪定智慧　及佛餘法
得如是乘　令諸子等　日夜劫數　常得遊戲
與諸菩薩　及聲聞衆　乘此寶乘　直至道場
以是因緣　十方諦求　更无餘乘　除佛方便
告舍利弗　汝諸人等　皆是吾子　我則是父
汝等累劫　衆苦所燒　我皆濟拔　令出三界
我雖先說　汝等滅度　但盡生死　而實不滅
今所應作　唯佛智慧　若有菩薩　於是衆中
能一心聽　諸佛實法　諸佛世尊　雖以方便
所化衆生　皆是菩薩　若人小智　深著愛欲

[illegible]
所化衆生　皆是菩薩　若人小智　深著愛欲
爲此等故　說於苦諦　衆生心喜　得未曾有
佛說苦諦　真實無異　若有衆生　不知苦本
深著苦因　不能暫捨　爲是等故　方便說道
諸苦所因　貪欲爲本　若滅貪欲　無所依止
滅盡諸苦　名第三諦　爲滅諦故　修行於道
離諸苦縛　名得解脫　是人於何　而得解脫
但離虛妄　名爲解脫　其實未得　一切解脫
佛說是人　未實滅度　斯人未得　無上道故
我意不欲　令至滅度　我爲法王　於法自在
安隱衆生　故現於世　汝舍利弗　我此法印
爲欲利益　世間故說　在所遊方　勿妄宣傳
若有聞者　隨喜頂受　當知是人　阿惟越致

若有聞者　隨喜頂受　當知是人　阿惟越致
若有信受　此經法者　是人已曾　見過去佛
恭敬供養　亦聞是法　若人有能　信汝所說
則為見我　亦見於汝　及比丘僧　并諸菩薩
斯法華經　為深智說　淺識聞之　迷惑不解
一切聲聞　及辟支佛　於此經中　力所不及
汝舍利弗　尚於此經　以信得入　況餘聲聞
其餘聲聞　信佛語故　隨順此經　非己智分
又舍利弗　憍慢懈怠　計我見者　莫說此經
凡夫淺識　深著五欲　聞不能解　亦勿為說
若人不信　毀謗此經　則斷一切　世間佛種
或復顰蹙　而懷疑惑　汝當聽說　此人罪報
若佛在世　若滅度後　其有誹謗　如斯經典
見有讀誦　書持經者　輕賤憎嫉　而懷結恨

見有讀誦　書持經者　輕賤憎嫉　而懷結恨
此人罪報　汝今復聽
其人命終　入阿鼻獄　具足一切　劫盡更生
如是展轉　至无數劫　從地獄出　當墮畜生
若狗野干　其形頹瘦　黧黮疥癩　人所觸嬈
又復為人　之所惡賤　常困飢渴　骨肉枯竭
生受楚毒　死被瓦石　斷佛種故　受斯罪報
若作駱駝　或生驢中　身常負重　加諸杖捶
但念水草　餘无所知　謗斯經故　獲罪如是
有作野干　來入聚落　身體疥癩　又无一目
為諸童子　之所打擲　受諸苦痛　或時致死
於此死已　更受蟒身　其形長大　五百由旬
聾騃无足　宛轉腹行　為諸小虫　之所唼食
晝夜受苦　无有休息　謗斯經故　獲罪如是

晝夜受苦 无有休息 謗斯經故 獲罪如是
若得為人 諸根闇鈍 矬陋攣躄 盲聾背傴
有所言說 人不信受 口氣常臭 鬼魅所著
貧窮下賤 為人所使 多病痟瘦 无所依怙
雖親附人 人不在意 若有所得 尋復忘失
若脩醫道 順方治病 更增他疾 或復致死
有自有病 无人救療 設服良藥 而復增劇
若他反逆 抄劫竊盜 如是等罪 橫羅其殃
如斯罪人 永不見佛 衆聖之王 說法教化
如斯罪人 常生難處 狂聾心亂 永不聞法
於无數劫 如恒河沙 生輒聾瘂 諸根不具
常處地獄 如遊園觀 在餘惡道 如己舍宅
駝驢猪狗 是其行處 謗斯經故 獲罪如是
若得為人 聾盲瘖瘂 貧窮諸衰 以自莊嚴

駝驢猪狗
若得為人　聾盲瘖瘂　貧窮諸衰　以自莊嚴
水腫乾痟　疥癩癰疽　如是等病　以為衣服
身常臭處　垢穢不淨　深著我見　增益瞋恚
婬欲熾盛　不擇禽獸　謗斯經故　獲罪如是
告舍利弗　謗斯經故　若說其罪　窮劫不盡
以是因緣　我故語汝　无智人中　莫說此經
若有利根　智慧明了　多聞強識　求佛道者
如是之人　乃可為說　若人曾見　億百千佛
殖諸善本　深心堅固　如是之人　乃可為說
若人精進　常脩慈心　不惜身命　乃可為說
若人恭敬　无有異心　離諸凡愚　獨處山澤
如是之人　乃可為說　又舍利弗　若見有人
捨惡知識　親近善友　如是之人　乃可為說

捨惡知識　親近善友　如是之人　乃可為說
若見佛子　持戒清潔　如淨明珠　求大乘經
如是之人　乃可為說　若人无瞋　質直柔軟
常愍一切　恭敬諸佛　如是之人　乃可為說
復有佛子　於大衆中　以清淨心　種種因緣
譬喻言辭　說法无礙　如是之人　乃可為說
若有比丘　為一切智　四方求法　合掌頂受
但樂受持　大乘經典　乃至不受　餘經一偈
如是之人　乃可為說　如人至心　求佛舍利
如是求經　得已頂受　其人不復　志求餘經
亦未曾念　外道典籍　如是之人　乃可為說
告舍利弗　我說是相　求佛道者　窮劫不盡
如是等人　則能信解　汝當為說　妙法華經

妙法蓮華經信解品第四

妙法蓮華經信解品第四

尒時慧命須菩提摩訶迦旃延摩訶迦葉
摩訶目揵連從佛所聞未曾有法世尊授舍利
弗阿耨多羅三藐三菩提記發希有心歡喜
踊躍即從座起整衣服偏袒右肩右膝著地
一心合掌曲躬恭敬瞻仰尊顏而白佛言我
等居僧之首年並朽邁自謂已得涅槃无所
堪任不復進求阿耨多羅三藐三菩提世尊
往昔說法既久我時在座身體疲懈但念空
无相无作於菩薩法遊戲神通淨佛國土成
就衆生心不喜樂所以者何世尊令我等出
於三界得涅槃證又今我等年已朽邁於佛
教化菩薩阿耨多羅三藐三菩提不生一念
好樂之心我等今於佛前聞授聲聞阿耨多

好樂之心我等今於佛前聞授聲聞阿耨多
羅三藐三菩提記心甚歡喜得未曾有不謂
於今忽然得聞希有之法深自慶幸獲大善
利无量珎寶不求自得世尊我等今者樂說
譬喻以明斯義譬若有人年既幼稚捨父逃
逝久住他國或十二十至五十歲年既長大
加復窮困馳騁四方以求衣食漸漸遊行遇
向本國其父先來求子不得中止一城其家大
富財寶无量金銀琉璃珊瑚虎珀頗梨珠
等其諸倉庫悉皆盈溢多有僮僕臣佐吏
民象馬車乘牛羊无數出入息利乃遍他國
商估賈客亦甚衆多時貧窮子遊諸聚落經
歷國邑遂到其父所止之城父每念子與子
離別五十餘年而未曾向人說如此事但自

離別五十餘年而未曾向人說如此事但自
思惟心懷悔恨自念老朽多有財物金銀珍
寶倉庫盈溢无有子息一旦終沒財物散失
無所委付是以慇懃每憶其子復作是念我
若得子委付財物坦然快樂无復憂慮
世尊尒時窮子傭賃展轉遇到父舍住立門
側遙見其父踞師子床寶机承足諸婆羅門
剎利居士皆恭敬圍繞以真珠瓔珞價直千
萬莊嚴其身吏民僮僕手執白拂侍立左右
覆以寶帳垂諸華幡香水灑地散眾名華羅
列寶物出內取與有如是等種種嚴飾威
德特尊窮子見父有大力勢即懷恐怖悔來
至此竊作是念此或是王或是王等非我傭
力得物之處不如往至貧里肆力有地衣食

力得物之處不如往至貧里肆力有地衣食
易得若久住此或見逼迫強使我作作是念
已疾走而去
時富長者於師子座見子便識心大歡喜即
作是念我財物庫藏今有所付我常思念此
子無由見之而忽自來甚適我願我雖年朽
猶故貪惜即遣傍人急追將還尒時使者疾
走往捉窮子驚愕稱怨大喚我不相犯何為
見捉使者執之逾急強牽將還于時窮子自
念無罪而被囚執此必定死轉更惶怖悶絕躃
地父遙見之而語使言不須此人勿強將來
以冷水灑面令得醒悟莫復與語所以者何
父知其子志意下劣自知豪貴為子所難
審知是子而以方便不語他人云是我子使

審知是子而以方便不語他人云是我子使
者語之我今放汝隨意所趣窮子歡喜得
未曾有從地而起往至貧里以求衣食
尒時長者將欲誘引其子而設方便密遣二
人形色憔悴无威德者汝可詣彼徐語窮子
此有作處倍與汝直窮子若許將來使作若
言欲何所作便可語之雇汝除糞我等二人
亦共汝作時二使人即求窮子既已得之具
陳上事尒時窮子先取其價尋與除糞其
父見子愍而怪之又以他日於窓牖中遥見子
身羸瘦憔悴糞土塵坌汙穢不淨即脫瓔
珞細軟上服嚴飾之具更著麤弊垢膩之衣
塵土坌身右手執持除糞之器狀有所畏語

塵土坌身右手執持除糞之器狀有所畏語
諸作人汝等懃作勿得懈息以方便故得近其
子後復告言咄男子汝常此作勿復餘去當
加汝價諸有所須瓮器米麵鹽酢之屬莫自
疑難亦有老弊使人須者相給好自安意我
如汝父勿復憂慮所以者何我年老大而汝
少壯汝常作時無有欺怠瞋恨怨言都不見
汝有此諸惡如餘作人自今已後如所生子即
時長者更與作字名之為兒尒時窮子雖欣
此遇猶故自謂客作賤人由是之故於二十
年中常令除糞過是已後心相體信入出
無難然其所止猶在本處
世尊尒時長者有疾自知將死不久語窮子
言我今多有金銀珍寶倉庫盈溢其中多

言我今多有金銀珎寶倉庫盈溢其中多
少所應取與汝悉知之我心如是當體此意
所以者何今我與汝便為不異宜加用心無
令漏失
尒時窮子即受教勅領知眾物金銀珎寶及
諸庫藏而无悕取一飡之意然其所止故在
本處下劣之心亦未能捨復經少時父知子
意漸已通泰成就大志自鄙先心臨欲終時
而命其子并會親族國王大臣剎利居士皆
悉已集即自宣言諸君當知此是我子我之
所生於某城中捨吾逃走跉跰辛苦五十餘
年其本字某我名某甲昔在本城懷憂推覓
忽於此間遇會得之此實我子我實其父今
我所有一切財物皆是子有先所出內是子

我所有一切財物皆是子有先所出內是子
所知世尊是時窮子聞父此言即大歡喜得
未曾有而作是念我本無心有所悕求今此
寶藏自然而至
世尊大富長者則是如來我等皆似佛子如
來常說我等為子世尊我等以三苦故於生
死中受諸熱惱迷惑無知樂著小法今日世
尊令我等思惟蠲除諸法戲論之糞我等
於中懃加精進得至涅槃一日之價既得此已
心大歡喜自以為足而便自謂於佛法中懃精
進故所得弘多然世尊先知我等心著弊
欲樂於小法便見縱捨不為分別汝等當有
如來知見寶藏之分世尊以方便力說如來
智慧我等從佛得涅槃一日之價以為大得

智慧我等從佛得涅槃一日之價以為大得
於此大乘無有志求我等又因如來智慧為
諸菩薩開示演說而自於此无有志願所以
者何佛知我等心樂小法以方便力隨我等
說而我等不知真是佛子今我等方知世尊
於佛智慧无所悋惜所以者何我等昔來真
是佛子而但樂小法若我等有樂大之心佛
則為我說大乘法於此經中唯說一乘而昔
於菩薩前毀呰聲聞樂小法者然佛實以大
乘教化是故我等說本无心有所悕求今法
王大寶自然而至如佛子所應得者皆已得
之尒時摩訶迦葉欲重宣此義而說偈言
我等今日　聞佛音教　歡喜踊躍　得未曾有
佛說聲聞　當得作佛　無上寶聚　不求自得

佛說聲聞　當得作佛　無上寶聚　不求自得
譬如童子　幼稚無識　捨父逃逝　遠到他土
周流諸國　五十餘年　其父憂念　四方推求
求之既疲　頓止一城　造立舍宅　五欲自娛
其家巨富　多諸金銀　車𤦲馬瑙　真珠琉璃
象馬牛羊　輦輿車乘　田業僮僕　人民衆多
出入息利　乃遍他國　商估賈人　无處不有
千万億衆　圍繞恭敬　常為王者　之所愛念
群臣豪族　皆共宗重　以諸緣故　往來者衆
豪富如是　有大力勢　而年朽邁　益憂念子
夙夜惟念　死時將至　癡子捨我　五十餘年
庫藏諸物　當如之何
爾時窮子　求索衣食　從邑至邑　從國至國
或有所得　或无所得　飢餓羸瘦　體生瘡癬

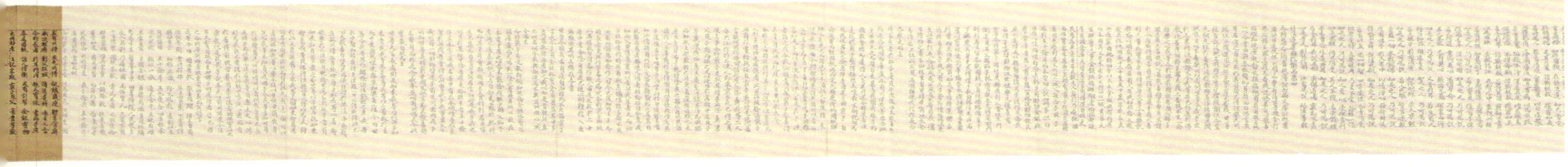

或有所得　或无所得　飢餓羸瘦　體生瘡癬
漸次經歷　到父住城　傭賃展轉　遂至父舍
尒時長者　於其門内　施大寶帳　處師子座
眷屬圍繞　諸人侍衛　或有計筭　金銀寶物
出内財産　注記券疏　窮子見父　豪貴尊嚴
謂是國王　若是王等　驚怖自恠　何故至此
覆自念言　我若久住　或見逼迫　強驅使作
思惟是已　馳走而去　借問貧里　欲往傭作
長者是時　在師子座　遥見其子　嘿而識之
即勑使者　追捉将來　窮子驚喚　迷悶躃地
是人執我　必當見煞　何用衣食　使我至此
長者知子　愚癡狭劣　不信我言　不信是父
即以方便　更遣餘人　眇目矬陋　无威德者

即以方便　更遣餘人　眇目矬陋　无威德者
汝可語之　云當相雇　除諸糞穢　倍與汝價
窮子聞之　歡喜隨來　為除糞穢　淨諸房舍
長者於牖　常見其子　念子愚劣　樂為鄙事
於是長者　著弊垢衣　執除糞器　往到子所
方便附近　語令勤作　既益汝價　并塗足油
飲食充足　薦席厚煖　如言苦言　汝當勤作
又以軟語　若如我子
長者有智　漸令入出　經二十年　執作家事
示其金銀　真珠頗梨　諸物出入　皆使令知
猶處門外　止宿草菴　自念貧事　我无此物
父知子心　漸已曠大　欲與財物　即聚親族
國王大臣　剎利居士　於此大衆　說是我子
捨我他行　經五十歲　自見子來　已二十年

捨我他行　經五十歲　自見子來　已二十年
昔於某城　而失是子　周行求索　遂來至此
凡我所有　舍宅人民　悉以付之　恣其所用
子念昔貧　志意下劣　今於父所　大獲珎寶
并及舍宅　一切財物　甚大歡喜　得未曾有
佛亦如是　知我樂小　未曾說言　汝等作佛
而說我等　得諸无漏　成就小乘　聲聞弟子
佛勑我等　說最上道　脩習此者　當得作佛
我承佛教　為大菩薩　以諸因緣　種種譬喻
若干言辭　說无上道　諸佛子等　從我聞法
日夜思惟　精懃脩習　是時諸佛　即授其記
汝於來世　當得作佛　一切諸佛　祕藏之法
但為菩薩　演其實事　而不為我　說斯真要
如彼窮子　得近其父　雖知諸物　心不悕取

如彼窮子　得近其父　雖知諸物　心不悕取
我等雖說　佛法寶藏　自无志願　亦復如是
我等內滅　自謂為足　唯了此事　更无餘事
我等若聞　淨佛國土　教化眾生　都无欣樂
所以者何　一切諸法　皆悉空寂　无生无滅
无大无小　无漏无為　如是思惟　不生喜樂
我等長夜　於佛智慧　无貪无著　无復志願
而自於法　謂是究竟　我等長夜　修習空法
得脫三界　苦惱之患　住最後身　有餘涅槃
佛所教化　得道不虛　則為已得　報佛之恩
我等雖為　諸佛子等　說菩薩法　以求佛道
而於是法　永无願樂　導師見捨　觀我心故
初不勸進　說有實我　如富長者　知子志劣
以方便力　柔伏其心　然後乃付　一切財寶

以方便力 柔伏其心 然後乃付 一切財寶
佛亦如是 現希有事 知樂小者 以方便力
調伏其心 乃教大智 我等今日 得未曾有
非先所望 而今自得 如彼窮子 得无量寶
世尊我今 得道得果 於无漏法 得清淨眼
我等長夜 持佛淨戒 始於今日 得其果報
法王法中 久脩梵行 今得无漏 无上大果
我等今者 真是聲聞 以佛道聲 令一切聞
我等今者 真阿羅漢 於諸世間 天人魔梵
普於其中 應受供養
世尊大恩 以希有事 憐愍教化 利益我等
无量億劫 誰能報者 手足供足 頭頂礼敬
一切供養 皆不能報 若以頂戴 兩肩荷負
於恒沙劫 盡心恭敬 又以美饍 无量寶衣

於恒沙劫　盡心恭敬　又以美饍　无量寶衣
及諸卧具　種種湯藥　牛頭栴檀　及諸珎寶
以起塔廟　寶衣布地　如斯等事　以用供養
於恒沙劫　亦不能報　諸佛希有　无量无邊
不可思議　大神通力　无漏无為　諸法之王
能為下劣　忍于斯事　取相凡夫　隨宜為說
諸佛於法　得最自在　知諸衆生　種種欲樂
及其志力　隨所堪任　以无量喻　而為說法
隨諸衆生　宿世善根　又知成熟　未成熟者
種種籌量　分別知已　於一乘道　隨宜說三

妙法蓮華經卷第二

BD00365 大般若波羅蜜多經卷四六一

（唐）玄奘 譯

144.5cm × 26cm

法恒住捨性不合不散一切智若
相智不合不散預流果乃至獨
不散一切菩薩摩訶薩行不合
上正等菩提不合不散一切智
有為界不合不散無為界不合
何如是諸法皆無自性若無
若無所有則不可說有合有
薩於一切法如是了知則能
具壽善現白言世尊如是名為毘
羅蜜多諸菩薩摩訶薩若於中學能
世尊如是略攝波羅蜜多初脩業菩薩
薩於中應常脩學乃至住第十地菩薩摩訶
薩亦於中應常脩學世尊若菩薩摩訶薩
學此略攝波羅蜜多於一切法如實知略廣

知如是略攝波羅蜜多法門諸菩薩摩訶薩
利根者能入鈍根者不能入等引根者能入
非等引根者不能入勤精進者能入不勤精
進者不能入具正念者能入不具正念者不
能入具妙慧者能入具惡慧者不能入善現
若菩薩摩訶薩欲住不退轉地當勤方便入
此法門若菩薩摩訶薩乃至欲住第十地當
勤方便入此法門若菩薩摩訶薩乃至欲得一
切智智當勤方便入此法門善現若菩薩摩
訶薩如此般若波羅蜜多所說而學是菩薩
摩訶薩則能隨學布施波羅蜜多乃至般若
波羅蜜多亦能隨學內空乃至無性自性空
亦能隨學真如乃至不思議界亦能隨學苦

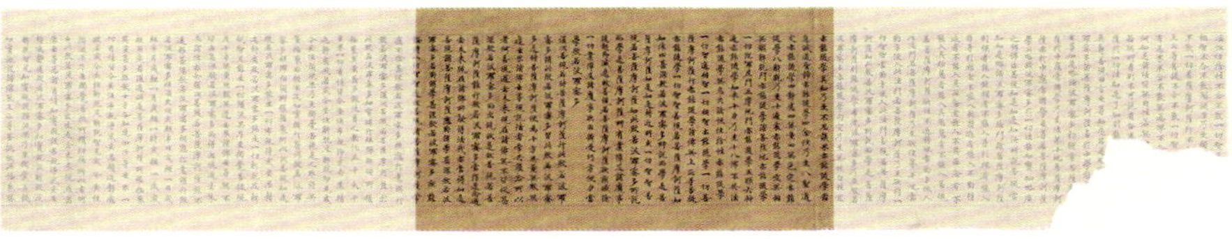

亦能隨學真如乃至不思議界亦能隨學苦
集滅道聖諦亦能隨學四念住乃至八聖道
支亦能隨學四靜慮四無量四無色定亦能
隨學八解脫乃至十遍處亦能隨學空無相
無願解脫門亦能隨學諸菩薩地亦能隨學
一切陁羅尼門三摩地門亦能隨學五眼六神
通亦能隨學如來十力乃至十八佛不共法
亦能隨學無忘失法恒住捨性亦能隨學
一切智道相智一切相智亦能隨學一切菩
薩摩訶薩行亦能隨學諸佛無上正等菩提
亦能隨學一切智智善現若菩薩摩訶薩如
如依止甚深般若波羅蜜多所說而學是菩
薩摩訶薩如是如是轉近所求一切智智善
現若菩薩摩訶薩[illegible]若波羅蜜多所[illegible]

[illegible]

隨起即滅是故善現若菩薩摩訶薩欲疾滅除
一切業障及諸魔事欲正攝受巧方便力當
學般若波羅蜜多
復次善現若時菩薩摩訶薩行此般若波羅
蜜多脩此般若波羅蜜多習此般若波羅蜜
多是時菩薩摩訶薩便為十方無量無數無
邊世界諸佛世尊現說法者常共護念所以
者何善現過去未來現在諸佛無不皆從甚
深般若波羅蜜多而出現故是故善現若菩
薩摩訶薩能行般若波羅蜜多當作是念過
去未來現在諸佛所證得法我亦當得如是
善現諸菩薩摩訶薩應勤脩學甚深般若波
羅蜜多若勤脩學甚深般若波羅蜜多疾能

[illegible]

羅蜜多若勤脩學甚深般若波羅蜜多疾能
證得一切智智是故善現諸菩薩摩訶薩常
應不捨甚深般若波羅蜜多相應作意脩行
般若波羅蜜多復次善現若菩薩摩訶薩於
此般若波羅蜜多如實脩行經彈指頃所獲
福聚其量甚多假使有人教化三千大千
世界一切有情皆令安住布施淨戒安忍精
進靜慮般若或令安住解脫及解脫智見或
令安住預流果乃至獨覺菩提是人雖得無
量福聚而猶不及如實脩行甚深般若波羅
蜜多經彈指頃所獲福聚何以故善現如是
般若波羅蜜多能生一切布施淨戒安忍精
進靜慮般若波羅蜜多能生一切解脫及解
脫智見能生一切預流果乃至獨覺菩提

在十方無量無數無邊世界諸佛世尊無不
皆由甚深般若波羅蜜多而得出現過去未
來諸佛亦尒復次善現若菩薩摩訶薩能不
遠離甚深般若波羅蜜多相應作意脩行般
若波羅蜜多經須臾頃或經半日或經一日或
經半月或經一月或經一時或經一歲或
經百歲若復過此是菩薩摩訶薩所獲福聚
其量甚多勝教十方各如殑伽沙等世界一
切有情皆令安住布施淨戒安忍精進靜慮
般若或令安住解脫及解脫智見或令安住
預流果乃至獨覺菩提所獲功德所以者何
由此般若波羅蜜多出生過去未來現在諸
佛世尊為諸有情如實施設布施淨戒安忍
精進靜慮般若波羅蜜多如實施設解脫及
解脫智見如實施設預流果乃至獨覺菩提

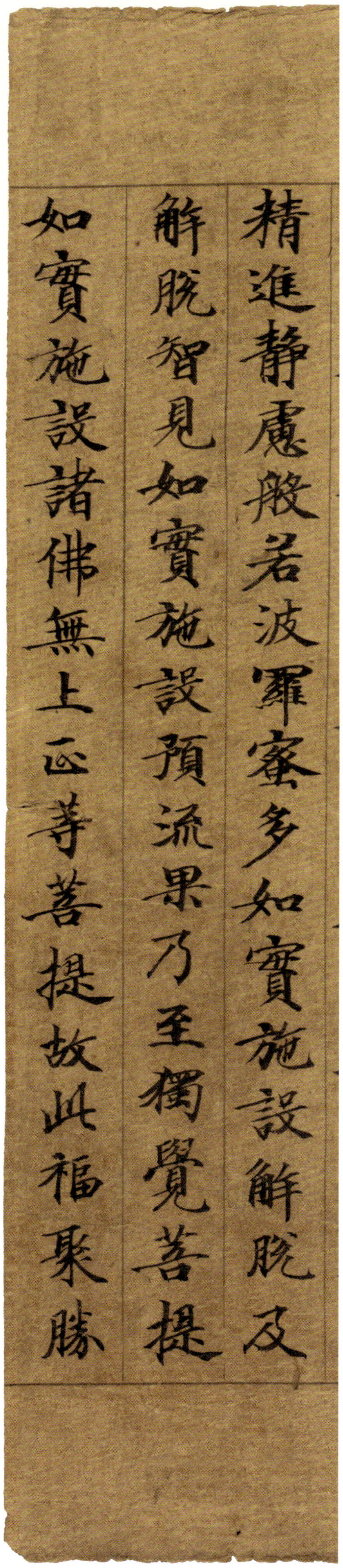

精進靜慮般若波羅蜜多如實施設解脫及
解脫智見如實施設預流果乃至獨覺菩提
如實施設諸佛無上正等菩提故此福聚勝

BD00366-1 瑜伽師地論卷一八分門記（擬）

（唐）法成 述

BD00366-2 瑜伽師地論卷一九分門記（擬）

（唐）法成 述

243.4cm × 29.7cm

[illegible]

分二 一明因 二明果 次三明略義分三 一標 二釋分二 一

略答 二廣解分二 一明苦嚴恭 二明利養因分二 一標 二釋

三結

第八釋顯宗頌法及後法中所生因及黑業於有情依世界

中永盡分三 一標經句 二解釋經文 三明略義 初又分二 一標 二問詞分

二 一可生死流心於 二可黑業煩惱路不通 三可業樂果識 二標答詞分二 一明

三明果分三 一答生死流心於 二釋業煩惱路不通 三答業樂果識受

二合釋可答經句分五 一明果義分四 一可 二略答 三徵 四答所以分二 一立

喻分二 一依水生立喻 二依陸生立喻 二法合分二 一依六觸立全義 二依發

愛立全義 二明經義分四 一可 二略答 三列名 四釋意趣 三明黑業分二

一可 二答分二 一明現法明黑業分二 一因 二過 二依後法明黑業分二 一因 二

果 四明永滅義分二 一可 二略答 三別釋分三 一依果生明有永滅 二依

有學明少分滅 三依有學明全分滅分二 一依有餘依明有現 二依

無餘依明現行 次五明總結 第七明略義分二 一標 二釋 三結

第九釋頌宗果生老病死分後頌觀清淨中分分三 一標經句 二釋經

文 三明略義 初分又二 一標可詞 第二釋本頌分四 一可分界異生處分流

[illegible] 二可 [illegible] 三可 [illegible] 四可修學得清淨

法　二明上界異生超色中海法　三明求學覺悟法　四明修學得清淨
法　初標舉開示四如法　二合釋問荅經文分正　一明證信分三　一問二荅分
三　一明信因　二明信用　三明信果　三結　二明求覺悟分三　一問二荅分二
一明因　二明果揔　三結　三明釋精進分三　一問二荅分二　一依見道精進
分三　一明因　二明果　二依修習精進分二　一明因　二明果分二　一明依念蓋
超苦海　二例餘四蓋明超苦海　三結　四明智慧分三　一問二荅分二　一
明因　二果　三結　三明略義分三　一標　二釋分二　一依異生信求覺明
得清淨　二依求學進證明得清淨　三結　　求十點未能得究竟
及求一經道證分三　一標經句　二釋經文　三明略義　初文分二　一標問詞分
二　一問究竟道　二問求一經道　二標荅詞外分二　一荅究竟道　二
荅求一經道　二解釋經文分二　一問釋詞分二　一明暴流分三　一問二荅
三釋　二舉疾經分五　一問　二略荅　三徵　四荅所以分二　果一　初一依
纏眠明疾舉疾經分三　一標　二釋　三結　　求二果以依揔更明疾舉
疾經分三　一標　二釋　三結　五明惡趣　二釋荅詞分二　一明荅初一詞
分六　一明尸羅圓滿分二　一問二荅　二明具慧分二　一問二荅　三明善
安定分二　一問二荅分二　一明依四靜慮明善安住揔　二依九次定

安空分二 一問二答分二 一明依四靜慮明菩薩安住於二依九頂空
明菩薩安住 四明内思惟分二 一問二答分二 一明正義 二引経 五明縈
念分二 一問二答分二 一因 二果 六明解度分二 一問二答分二 一標 二
釋 二明答中二問詞分三 一明欲界聲聞隆分二 一問二答 二明超色
界諸分二 一問二答 三明有學有住分二 一問二答分二 一明正義 二
菩薩 第三明略義分三 一標 二釋 三結
第十一釋欲界三住中欲分三 一標経句 二解釋経文 三明略義 初文分二 一問
詞分四 一問於欲住 二問出欲住 三問遠離住 四立喻 二標答詞分三 一明
因分三 一處小 二自種 三別縛 二答果分二 一答於欲住過 二答出欲
住過 三答遠離住過 三明解脫受勝利分二 一明因 二明果
第二解釋経文分二 一釋問詞分四 一明貪盡分二 一問二答分二 一明貪於 二
明盡於 二明依處分二 一問二答分二 一明處於分二 一明因 二明果 二依於分
二 一明因 二明果 三明毛豎中義分二 一問二答分二 一明毛豎分二 一標 二釋
二明尋思分二 一標 二釋 四總結 二釋答詞分三 一明潤生及自生分二
一問二答分二 一答處小 二答自種 二明貪盡中別縛義分三 一問 二略答
三解釋分七 二明事欲分四 一明於欲境於事欲分二 一標 二釋 二明活命出欲境於事
欲分二 一標 二釋 三四合明未來事欲分二 一標 二釋 二明增於欲分二 一標 二釋 五明諸界自體

欲文三　一標　二釋　三四合明去來事欲文二　一標　二釋　二明捨欲文二　一標　二釋文三　五明欲界自體
中分文二　一標　二釋　六明未斷愛分別分文二　一標　二釋　三明起苦未
度之海勝利文三　一明因　二明果　三結　來三明略義文二　一標　二釋文三
異門　初門依三種明略義文三如上　來二門依共不共因緣明略義文二　一標
二解釋文三　一明別縛　二明斷方便　三明勝利　三結　來三門依愛盡明略
義文二　一明愛品　二明盡品
來十二釋勝示真婆羅門文二　一總標經句　二釋解經文　初文文二　一標
曰詞一句頌　二標答詞四句頌　二解釋經文文二　一釋曰詞文五　一明初句意
二明彼岸　三明彼求受　四明彼依標　五明彼果　二釋答詞文四　一明非真
婆羅門　二明真婆羅門　三勝通義文二　一總標　二列名　三列釋文二
一明未度求學文二　一標　二釋文二　一明因　二明果　二明已度求學文三　一總
標　二釋　三明要義　四明度受到彼岸婆羅門文五　一明得漏盡　二明
得常要　三明得靜慮文二　一明體　二明用　四明永盡義文二　一明因文三
如上　二明果別文二如上　五總結　來十三釋勝示依世間時捨那方便
所攝勇猛精進欲文二　一總標問答經句文三　一句答未度義　二句答已
度因　三答白品因果　二解釋經文文三　一依捨那方便趣西方便明斷紫
不善別文三　一明無學方便　二明捨那方便趣西方便文二　一黑品文三　一

中差別分三 一明有肇有住 二明稽那方便趣西方便分二 一黑品分三 一
依因住明四差別 二依果住明四差別 二白品 三明劬勞中四住差別
分二 一明黑品分四 一明劬勞 二明減劣 三明止住 四明漂溺 二明白品分
四 一明捨劬勞 二明不減劣 三明不止住 四明不漂溺 第二依攝受依
受住明劬勞中差別分二 一問二答分二 一答黑品分三 一總標 二徵
四 三別標分四 一依執著尋明劬勞 二依懈怠明減劣 三依住異
生分明止住 四依昧染貪愛勢力明漂溺 二答白品 第三依標
受滅定明劬勞中差別分二 一問 二答分二 一答黑品分四 一明劬勞
二明減劣 三明止住 四明漂溺 二答白品
第十四釋勝亦流受欲者即第一義住解脫者名第一義等分三 一總標釋
二解釋經文 三明勝義 初文分二 一標問詞分二 一問所求 二問有何過 二標答
詞分三分 一依所得明思擇 二明降伏明安樂 第二解釋經文分二 一標
列至 二釋經句分三 一標 二列名 三解釋分二異門 初依所得明得義分
二 一明果義 二明神通義 第二異門依降伏中明得義分五 一明二義 二
明云無趣 三徵 四答所以分二 一標 二釋分二 一明因 二明果 五明不變
分五 一總標 二列名 三別釋分四 一明初 二明可愛過患 三明出離

分五 一總標 二列名 三別釋 分四 一明初 二明不過患 三明出離
四明出離門 四明不見過 分二 一明因 二明果 五明見功利 第三明略
義 分三 一標 二釋 分二 一依離蓋明略義 二依解脫等明略義
三流
第十五釋頌示正見依處及邪見果中九處 分三 一總標經 二解釋
經文 三明略義 初文分九異門如下所明 二釋經文 分五 一明諦門 分三
一明雜染 二明無趣 三明差別 初明有常 分二 一標 二釋 三明九生
識 分三 一明生相 二明識相 三明種趣往相 四明藏識義 五明業義 分二
一標 二釋 分二 一依業因中識明業 二依當果不生明業 三明略義 分二
一標 二釋 及九異門明略義 一依正見明略義 分二 一顯緣處 二顯果 二依
所知緣起明略義 分二 一標 二釋 分二 如次 二依所知能知明略義 分二 一
顯所知 二顯能知 四依三世門明略義 分二 一顯染品 二顯淨品
五依緣起明略義 分二 一顯順 二顯逆 六依二諦明略義 分二 一顯
世諦 二顯勝義諦 七依解脫門明略義 分二 一顯初二解脫門依 二顯
後一解脫門依 八依諦現觀明略義 分二 一標 二釋 於依不共
對治明略義 分三 一標 二徵問 三列釋
第十六釋頌示四諦中頌 分三 一標經句 二釋經文 三明略義 初標經句文三異門

第十六釋頌示四諦中後分三 一標經句 二釋經文 三明略義 初標經句文三異門 如下所明 二釋經文分三 一明不放逸不死分二 一正二答分四 一標 二列名 三結 四明不死義 二明放死分二 一正二答分三 一明於定出定 二解放逸分二 一標 二釋 二明道二解分二 一標 二釋 三明死義分三 一明因 二明果 三明集 三明放逸不死放逸者常死分二 一正二答分三 一明五種死分二 一標 二釋 二明菩人不死義分三 一標 二釋分三 一明過去明不菩死 二依現在明菩死 三依未來非菩非不菩死 三結 三明不菩人死義分三 一標 二釋分三 一依過去 二依現在 三依未來明不菩死 三結 第三明略義分二 一標 二釋有三異門 一依四諦明略義分二 一頌淨品因果 二頌染品因果 二依受非受中明略義分二 一標 二釋分二 一明受非受義 二明自業作性 三依所未所作明略義分二 一頌所應作事 二頌未不應作事

第十七釋頌示於二實壞因故二實壞法不然分三 一標經句 二釋經文 三明略義 初標文分二 一標 二壞因 二釋壞因標分二 一明方求失壞 二明受用失壞 第一解釋經文分二 一明物標 二依因句分二 一明鑽搖義分二 一問 二答分二 一明因 二明果 二明極利貪分二 一問 二答分二 一明因 二明果 三明隨觀淨妙分二 一問 二答分二 一明因 二明果 二解釋 二壞標句分二 一明憎增染妄分四 一問 二

一問二答分二 一明因 二明果 二解釋 三懷抱自分二 一明信增染妄分四 一問二
略答 三徵問 四別釋分五 一依自性明染妄 二依作業明染妄 三依中流
因明染妄 四依發起明染妄 五依增明染妄分二 一依增上生明染妄
二依決定除明染妄 二明堅固縛明染妄分四 一問 二略答 三列名 四別
釋分三 一明堅牢義 二明[illegible]羅義 三明[illegible]時隨逐義
第三明略義分二 一標 二釋 後二異門 一依二失壞分中明略義分三 一總標 二列名
分二 一列失壞因分二 一問二答 二列失壞法分二 一問二答 三釋解分四 一明不
正思惟力分二 一問二答分四 一依隨念明不正思惟 二依邪分別明不正思惟
三依邪取相明不正思惟 四依[illegible]住明不正思惟 二明因力分二 一問二答
三明方求失壞分二 一問二答分二 一依失壞[illegible] 二依所暴[illegible]明失壞 四明受用
失壞分三 一問二答分三 一標因 二釋果分三 一依貪染明受用失壞 二依
嗔恚明受用失壞 三依愚癡明受用失壞 三明作業 二物結分二
一結因縛 二結果縛 第二異門一依七雜染明略義分三 一總標 二列名 三
解釋 三解釋分七 一明隨念雜染分二 一問二答 二明不自在雜染分二 一問
二答 三境界雜染分二 一問二答 四明熱惱雜染分二 一問二答分二 一因 二果 五明善趣於惡雜染 初分三 一依過去[illegible]業
分二 一問二答 六明惡趣於惡雜染分二 一問二答 七明流見雜染分二
一問二答分二 一明因 二明果

今初二答，文二：一明因，二明果
第八釋影示四因所攝尸羅清淨，文三：一標經句，二解釋經文，三明略義。初
文文二：一明因，二明果。文二：一明自利果，二明利他利彼果。二釋經文，文四：一明住
清文二：一問，二答。文二：一明因，二明果。二明具尸羅，文二：一問，二答，文二：一明因
二明果。三明能斷，文二：一問，二答，文二：一標，二釋，文六：一斷所無戒，二斷究
戒緣，三斷不正知，四斷不正尋思，五斷根本煩惱，六斷隨煩惱。四明
[illegible]文二：一問，二答，文二：一標，二釋，文二：一明發露，二明不藏。三明略義
文三：一標，二釋，文四：一依正受影戒清淨，二依不究影戒清淨，三依遠
究因影戒清淨，四依對治影戒清淨。三法
第十九釋影示於業及業果如理思惟，文三：一標經句，二釋經文，三明略義。初文文
二：一明因，二明果。二解釋經文，文二：一明凡夫作惡業審諦思惟，文二：一問，二答
文二：一審解，文八：一依凡地王推尹治罰，以不作惡，文四：一影能見人，二標因，三
釋過，四明思念。二依不律儀明不作惡，文三：一標因，二釋過，文三：一經不高
二不得財，三諸人輕賤，三明思念。三依[illegible]惡趣退明不作惡，文三：一標因
二釋過，三明思念。四依身於差別明不作惡，文三：一標因，二釋過，三明
思念。五依所作果不遂明不作惡，文三：一標因，二釋過，三明思念
六依果報差別明不作惡，文三：一標因，二影果，三明思念。七依王[illegible]

六依果辨差別明不作惡有三 一標因 二顯果 三明思念 七依王事現

法作惡有初 當果明不作惡有三 一標因 二顯果 三明思念有二 一依

一生明失多可愛果 二依現法少樂明失多生苦果 三依

後樂明得少多生苦 八依天眼明不作惡有三 一標因 二顯果 三明

思念 二明招攝有四 一物標 二徵問 三列釋 四物結 二明業傳有

三 一問 二略義答 三解釋有三 一明染汙業有三 一標 二釋 三結

二明重業有三 一標 二釋 三結 三明業雜有三 一標 二釋 三結

第三明略義有三 一標 二釋有二 一依因釋前三句 二依果明略義釋後

句 三結

瑜伽論第十八卷分門記訖

瑜伽論第十九卷分門記初

第廿釋頌亦有二 初攝善證標釋總有三 一標經句 二釋經文 三明略義 初

文有二 一標 二釋 二解釋經文有四 一明善證有四 一標 二釋略 三列名

四解釋有三 一明懺意 二明灰除 三明非善證 二明證非惡非法有

二 一標 二釋 三明證非惡非法有二 一標 二釋 第三明略義有三 一

標 二釋 三結

第廿一釋頌亦……二種……及……果……有三 ……

第廿二釋顯示[illegible]於家出家二種正行及正行果所有勝利段分三 一標經句 二
釋經文 三明略義 初文分二 一辨能成因 二辨所成果 二釋經文及二異門
初依出家能成所成明信捨中分二 一明因分四 一明信 二明捨 三戒 四明施分
二 一標 二釋分二 一明財施 二明法施 二明果分二 一標 二釋分三 一辨果利 二
[illegible]果利 三生天果利 二依在家能所成明信捨中分二 一明因分四 一明
信捨 三明戒 四明施 二明果分二 一現法果 二後法果 第三明略義
分三 一標 二釋分二 一依因 二依果明略義 三結
第廿三顯示聞正法如理思惟中得勝利果段分三 一標經句 二釋經文分二 一明
略義 初文分二 一明果[因] 二明果 二釋經文分二 一明因分三 一明勤住分二 一標
二釋 二明遠離 三明捨所義分三 一標 二釋 三結 二明果分二 一標 二
釋分二 一明根已熟資糧滿 二明根未熟資糧未滿 第三明略
義分三 一標 二釋分四 一依聞正法 二依如理思惟 三依法隨法行